KB124284

기울어진 스크린

장애 필터를
통해

대중문화
읽기

차미경 지음

기울어진 스크린

한뼘책방

기울어진 스크린,
비스듬히 삐딱하게!

나는 사진을 많이 찍는다. 눈 앞에 펼쳐진 순간의 풍경을 오래 간직하려면 금세 잊어버리고 마는 나 자신보다 내 카메라를 믿는 게 더 확실하기 때문이다. 기왕이면 좋은 풍경을 여럿이 함께 보고 싶은 오지랖이 더 부지런히 셔터를 누르게 한다.

사람들은 SNS에 올린 내 사진을 좋아하는 이유로 휠체어에 앉은 내 낮은 시선을 가장 먼저 꼽는다. 서 있는 자리가 다르면 보이는 풍경도 다르다던가? 휠체어에 앉아 있는 나에게 서 있는 사람들과 다른 풍경이 보이는 건 어쩌면 당연한 일이다. 내 사진이 특별해 보이는 이유는 잘 찍어서가 아니라 다른 시선 때문이다.

내 낮은 시선이 다른 풍경을 보게 하듯, 내가 가진 '장애'라는 정체성은 다양한 대중문화에서도 다른 것을 보게 한다. 같은 영화나 드라마를 보더라도 어떤 이에게는 억압받는 여성이 보이고 누군가에겐 홀대받는 가장이, 또 누군가에겐 힘겨운 노동환경이 보이는 것처럼 기울어진 내 시선에는 미디어 안에 '숨은 장애'가 보인다.

이 책에 실린 글들은 TV나 영화, 각종 공연과 도서 등 다양한 매체의 작품에 대한 개인적인 소회를 담아 그동안 장애인언론 매체인 〈에이블뉴스〉와 〈더인디고〉에 연재했던 글들과 한국장애인문화예술원 공식 블로그 〈이음〉에 올렸던 글들을 모은 것이다. 〈에이블뉴스〉에서는 '차미경의 쓱'이란 코너로, 〈더인디고〉에서는 '차미경의 컬처토크'라는 코너로 각각 연재했는데 코너 이름에서도 느껴지듯 '장애'라는 내 개인적 경험을 통해 쓴 가벼운 수다에 가까운 글들이다.

'쓱'이란 말이 연상케 하는 이미지나 뉘앙스가 아마도 여기 실린 글들의 성격을 가장 잘 설명하는 말이 될 것 같다. 고개를 쓱 내밀고 뭔가 호기심 가득히 들여다보긴 하지만, 깊이 개입하진 않는 아주 사소하고 가벼운 동작, 쓱!

어릴 적 밖에 나가 놀고 싶다고 보채는 나를 위해 엄마는 검은 바지 하나를 재봉질해 만들어 주셨다. 그 검은 바지를 입고 있는 동안만큼은 맘껏 자유로울 수 있었다. 검은 바지를 입고 온 동네를 안방처럼 기어 다니며 집 안에서는 볼 수도 상상할 수도 없는 것들을 실컷 들여다보며 내 어린 호기심을 채우곤 했는데, 지금의 내 모습도 그때와 많이 닮았다. 온 매체를 호기심으로 기웃거리는 내 모습을 가장 잘 표현할 수 있는 말이 어쩌면 '쓱'이 아닐까.

게다가 나는 쓱 보는 것만으로는 만족할 수 없는 수다스러운 사람이다. 특히 영화나 드라마에 한해서는 둘째가라면 서러울 수다쟁이가 바로 나다. 내 학창 시절의 월요일은 한껏 수다로 소란스러운 날이었는데, 그게 다 '주말의 명화' 때문이지 뭔가. '주말의 명화'에서 본 영화 이야기를 쉬는 시간 내내 떠들어대고도 매번 종이 울릴 때마다 "투 비 컨티뉴드(to be continued)!"를 외쳐야 할 만큼 긴 수다가 이어지곤 했다. 연습장에 영어 단어나 수학 공식 대신 카메라 위치와 이동, 배우들의 표정과 몸짓, 대사 한 마디까지 낙서처럼 끄적이며 친구들에게 영화 얘기를 쏟아냈는데, 쉬는 시간마다 매번 우르르 모였다 흩어지기를 반복하며 내 얘기를 들어 주던 친구들은 지금 생각해도 뭔 열성이었을까 싶고 새삼 고맙다.

그동안 칼럼을 통해 대중문화 작품들에 대한 수다를 떨어 온 일은 그러므로 지극히 나다운 것이었다. 비록 전문적인 예술 비평은 아니지만 나만의 시선에서 보이는 것들에 대해 다른 이야기를 할 수 있었고, 또 그래 왔다고 믿는다.

최근 우연히 다시 본 마이클 치미노 감독의 〈디어헌터〉를 그 예로 들어 볼 수 있겠다. 이 영화에 대해 사람들은 로버트 드니로나 메릴 스트립, 크리스토퍼 월켄 같은 출연 배우들의 젊디젊은 모습과, 다시 봐도 가슴 아픈 전쟁의 트라우마를 이야기할 수도 있다. 혹은 영화의 미장센이나 시대사적 의미, 배우의 연기에 대해 이야기할 수도 있다.

그러나 내겐 닉의 장례식에 온 친구의 휠체어가 보였다. 1978년도 작품이니 아마도 1970년대 제품이었을 것이다. 무겁고 촌스러워 보이는 구식 휠체어인데도 뒤쪽에 작은 전동배터리가 달려 있었다. 수전동휠체어 혹은 전동키트가 달린 휠체어였다. 요즘에야 흔하게 볼 수 있지만 1970년대에 그런 휠체어라니 새삼 놀라웠다. 그 시절 우리나라에서는 웬만한 수동휠체어도 구하기 어려웠는데 말이다. 그렇다면 그 시대 미국을 비롯한 세계의 휠체어 등 장애인 보조기기의 기술 개발 정도와 보급률은 어느 정도였을까? 우리의 현실은 어떤가? 장애인에게 보조기기란 어떤 의미인가? 등등의 생각을 〈디어헌터〉를 통해 짚어 볼 수 있을 것이다. 나만의 시선으로 미디어를 읽는 일이란 바로 이런 것이다.

내가 주로 대중문화에 주력하는 것은 그 어떤 개혁적 운동이나 강력한 구호보다도 공기처럼 숨 쉬는 문화의 위력이 훨씬 더 강력하기 때문이다. 우리가 아무렇지 않게 일상에서 듣는 음악들, 퇴근 후 시원하게 맥주 한잔하며 보는 드라마, 친구나 애인의 손을 잡고 관람하는 영화나 공연, 무심코 흘려 보는 다양한 형식의 광고들. 이 안에 자연스럽게 녹아 있는 잘못된 편견과 오해들은 사람들에게 무의식적으로 스며들어 깊게 뿌리를 내리고 무성하게 자라 결국에 는 우리의 시야가 왜곡되도록 만들어 버릴 수 있기 때문이다.

　지금까지 장애에 대한 잘못된 편견과 인식들은 그렇게 만들어지 고 견고해진 면이 적지 않다. 그것이 일반적인 현실이고 작품은 현 실을 반영한 것뿐이라는 변명도 있겠으나, 단지 현실 재현에 그치 지 않고 대중의 인식을 환기하고 선도해야 할 책무 역시 대중문화 를 생산하는 사람들에게 있다. 그리고 대중에게는 구태의연한 인 식을 재생산하는 대중문화에 대해 잘못을 지적하고 바꿔 내야 할 책무가 있다. 잘못된 편견과 인식으로 기울어진 스크린을 똑바로 보려면 어떻게 해야 할까? 기울어진 피사의 사탑 앞에서 비스듬히 자세를 기울인 관광객들의 흔한 뒷모습을 상상해 보라.

　비스듬히, 때로는 삐딱하게 기울어진 스크린에 대해 세상에 말 을 거는 것! 이것이 방송을 만드는 대중문화의 생산자로서, 동시 에 대중문화를 소비하는 소비자로서 기울여 온 나의 노력이었다. 내가 계속 세상에 말을 거는 이유는 내 사진처럼 서 있는 사람들에겐 보이지 않는 나만의 풍경이 분명 있어서다. 또 혼자 하는 생각은 잡념에 그치고 말지만 많은 이들과 나누는 생각은 분명 의미 있는 변화를 만들어 낼 것이라고 믿기 때문이기도 하다. '비스듬히'란 말은 기울어진 것을 균형 있게 보려는 자세를 이르는 말이기도 하지만, 혼자가 아닌 여럿이 함께 기대는 연대의 모습을 떠올리게 하는 따뜻한 말이기도 하다는 걸 이 글을 쓰며 새삼 깨닫는다.

이 책을 통해 내가 세상에 거는 말들이 장애가 있는 사람들에겐 공감을, 장애가 없는 사람들에겐 변화를 이끄는 작은 바람이 되면 좋겠다. 그리고 그 바람이 한 걸음 더 나은 세상으로 우리를 등 떠밀어 주면 좋겠다.

차미경

2 거울 깨뜨리기

3 I See You: 아름다운 소통을 위하여

1 미디어,
장애를 비추는 거울

왜 앓아?
알아야지!

"휠체어를 탄 사람이 계단을 오르내릴 수 없어서 지하철을 이용하지 못한다면, 그가 겪는 장애의 원인은 어디에 있는가?"

이 질문에 대하여 세계보건기구가 1980년에 제시한 국제장애분류기준를 바탕으로 1980년대식으로 답한다면, 장애의 원인은 걸을 수 없는 개인에게 있다. 이 기준에 따르면 장애는 신체적 혹은 정신적으로 손상을 입은 개인이, 그 손상 때문에 무언가를 할 수 없으므로 사회적으로 불리한 처지가 되는 것을 의미한다. 즉, 그가 지하철을 이용할 수 없는 것은 그가 걸을 수 없기 때문이지 계단 때문이 아닌 것이다. 그러나 오늘날의 인식으로 바라보면 이것은 명백히 틀렸다. 오늘날의 인식에서 장애의 원인은 걸을 수 없는 개인이 아니라 엘리베이터를 제공하지 않는 사회에 있기 때문이다.

장애를 바라보는 관점은 이렇게 개별적 모형에서 사회적 모형으로 이동해 왔다. 그럼에도 불구하고 미디어를 통해 드러나는 우리 사회의 장애에 대한 인식은 여전히 개인적인 차원에 머물러 있는 경우가 많다. 그 대표적인 것이 바로 장애를 '앓는 것', 곧 치료해야 할 질병으로 인식하는 것이다.

2020년에 KT가 '따뜻한 기술'을 표방하며 인공지능 기술을 이용해 청각장애를 가진 엄마의 목소리를 찾아 준다는 광고를 내놓아서 화제가 됐다. 수어 대신 인공지능이 찾아 준 목소리로 아이들에게 마음을 전하는 청각장애인 엄마와, 그 목소리를 듣고 감격의 눈물을 흘리는 가족의 모습에 '마음을 담다'라는 카피를 덧붙였다.

그러나 정작 청각장애를 가진 당사자 중 상당수는 그 따뜻하다는 기술에 따뜻해하지 않았고, 그 안에 담았다는 마음도 느낄 수 없었다. 목소리로 전하는 말 말고 수어로 전하는 말에는 마음이 담기지 않는가? 물론 엄마의 목소리를 듣고 싶은 가족의 마음도, 한번쯤은 자신의 목소리로 마음을 전하고 싶은 엄마의 마음도 충분히 이해한다. 그러나 굳이 목소리를 찾아 줄 것이 아니라, 수어로도 충분히 마음을 나누는 긍정적인 모습을 보여 줄 수 있어야 했다. '마음을 담다'의 또 다른 시리즈는 청각장애 어린이에게 인공와우 수술을 지원한다는 기업의 홍보와 함께, 인공지능 스피커를 언어 치료용으로 활용하는 모습을 그렸다.

또 현대차그룹이 만든 '두 번째 걸음마'라는 광고에는 웨어러블 로봇을 입고 다시 일어서서 활을 쏘는 척수장애 선수가 나온다. 사고로 걸을 수 없게 된 장애인 양궁선수에게 웨어러블 로봇으로 두 번째 걸음마를 선사한다는 콘셉트였다. 그런데 두 번째 걸음마의 기쁨과 감동을 배가시키기 위해 첫걸음마에 대한 상실감과 그리움을 너무 크게 그렸다. 휠체어에 앉아 있는 모습과 웨어러블 로봇을 입고 서 있는 모습을 지나치게 대비함으로써, 장애를 입은 현재의 상황을 상실과 불완전 상태로 느껴지게 한다. '감동'을 이끌어 내기 위해 굳이 장애를 부정적인 것으로 전제할 필요가 있었을까?

이런 광고들이 보여 주는 장애는 치료해야 하고, 재활해야 하는 '비정상'의 상태이다. 목소리를 낼 수 없는 엄마는 아이들에게 사랑도 제대로 표현할 수 없는 부족한 엄마이며, 인공지능을 통해서라도 목소리를 찾아 주어야 하는 비정상적인 존재로 묘사된다. 왜 '수어'라는 소통 방식은 무시되고, 목소리를 통한 언어만 강요되는가. 수어를 또 다른 의사소통의 방법으로 인정받기 위해 애쓰고 노력해 온 많은 청각장애인들에게 이는 얼마나 무례한 메시지인가.

인공와우 수술을 다룬 광고에 대해서도 짚어야 할 점들이 많다. 우선, 우리 사회에서 인공와우에 대해 제대로 된 논의조차 이루어진 적이 없다. 농인이라는 또 다른 형태의 삶과 정체성을 무시한 채 청각장애를 질병으로 인식하는 정부나 전문가들의 시각이 강요된

측면도 있다. 수술의 위험성이나 부작용에 대한 올바른 정보가 미흡한 상황에서, 마치 인공와우 수술만이 최선이라는 듯 읽히는 무비판적인 광고는 농인의 정체성을 저해하고 아동의 선택권을 무시하는 결과를 초래할 수 있다. 게다가 인공지능 스피커를 이용해 정확한 발음을 연습하는 장면은 수어를 배제하고 구어 의사소통만 강조한다는 점에서 우려스럽다.

이 다양성의 시대에 활은 왜 서서 쏘아야만 하는가? 왜 꼭 웨어러블 로봇에 의지해 서서 쏘아야만 감동적인가? 물론 장애인들에게 최첨단 보조기기는 필요하다. 그러나 필요한 이유가 단지 '비정상성을 극복하는 치료와 재활' 차원에만 있을까. 비장애인이 최고급 자동차를 갖고 싶어 하는 이유는 못 걸어서가 아니다. 그런데 장애인에게 최첨단 웨어러블 로봇이 필요한 이유는 왜 그렇게까지 필요 이상으로 감동적이어야 하는가.

광고뿐만이 아니다. 장애를 다룬 기사들을 보면 '지적장애를 앓는', '발달장애를 앓고 있는', '소아마비를 앓아 온' 등과 같이 장애를 앓는다는 표현이 수없이 등장한다. 다큐멘터리나 영화 등에도 장애를 가진 이들은 장애를 '앓고 있는' 환자처럼 소개되거나 그려지곤 한다.

딸의 결혼식에서 손잡고 입장하는 '보통의, 정상적인' 아버지가 되기 위해 웨어러블 로봇을 입고 피땀 쏟으며 걸음 연습을 하는 장애인 아버지가 감동적인 모습으로 그려지는가 하면, 정해진 기한까지 일어나서 걷지 못하면 죽어 버리겠다고 장애인 아들을 협박하며 재활 훈련을 강요하던 한 엄마의 모습에 내 가슴이 서늘했던 적도 있다. 제목이 〈움직여라! 발가락〉이었던 지상파 방송의 다큐멘터리 프로그램은 제목에서 이미 벌떡 일어나 걸어야 할 것 같은 강박을 전했다.

"너 그러다 평생 휠체어 타면 어떻게 할래?", "너 그렇게 휠체어에 앉아서 살 수 있어?", "너 못 걸으면 너랑 엄마랑 제삿날 같을 줄알아!", "그렇게 주저앉으면 어쩌자는 거야?" 일어서지 못하는 아이를 두고 엄마는 내내 짜증 섞인 잔소리를 쏟아 냈다. 그때까지 발가락이 안 움직이면, 며칠까지 못 걸으면…. 이런 부담스러운 데드라인을 정해 놓고 끊임없이 아들을 채근했다. 척수를 다쳐 하지와한쪽 손이 마비된 채로 살게 될 거라고 말하는 의사와, 그래도 기적을 바라는 가족들. 마치 곧 나을 감기에 걸린 양 빨리 나으라고 강요하는 가족 앞에서 아이는 위축되어 있는데, 그걸 '가족애'와 '희망'이라는 근사한 포장지로 싸서 방송하고 있었다.

장애는 게으르고 의지가 없어서 앓는 병이 아니다. 또 무엇보다 장애인으로 사느니 함께 죽자고 종용할 만큼 끔찍한 불행도, 앞이

깜깜하기만 한 절망도 아니다. 그저, 이전과는 다른 삶의 모습으로 수용하고, 그 다른 삶을 통해 새로운 의미를 찾아가는 가족의 모습을 보여 주었더라면 좋았을 것이다. 그런데 이 방송은 시종일관 장애를 결코 한 가족에게 있어서도 안 되고 있을 수도 없는, 기필코 낫지 않으면 안 되는 끔찍한 질병처럼 보여 주었다. 장애인 시청자들에게 무례했고, 장애를 이해하는 바람직한 시각도 제시하지 못한 방송이었다.

우리 사회가 장애를 여전히 한 개인이 '앓는' 질병이나 불행 정도로 인식하는 한, 그 앞에 놓인 계단을 제거하는 능동적인 변화는 더 일어나지 않을 것이다. 그러므로 미디어가 장애를 이해하는 시각을 자꾸만 사회에서 개인으로 축소시켜서는 안 된다. 장애를 '앓는' 사회와, 장애를 '아는' 사회는 어떻게 다를 수 있는지 구찌와 애플이 보여 준 사례에서 짐작해 볼 수 있을 것이다.

세계적인 명품사인 구찌는 다운증후군을 가진 엘리 골드스타인을 광고 모델로 발탁했다. 또 애플은 해마다 세계개발자회의를 개최하는데, 2020년에는 제품 디자인 디렉터 메그 프로스트가 전동휠체어를 타고 등장해서 애플 맵스의 새 기능을 설명했다. 멋진 최신형 전동휠체어를 타고 등장한 그녀는 여느 스피커들과 다름없이 자신이 맡은 상품의 새 기능을 설명하고 내려갔을 뿐이고, 그 어떤 광고나 기사에서도 그녀의 장애에 대해 진부한 설명이 덧붙지 않았다. 장애를 개인이 '앓아야' 하는 사회라면 장애인은 질병을 가진, 도와주어야 하는 환자로 인식되지만, 장애를 '아는' 사회라면 장애인은 이렇게 개성 있는 한 사람이 된다. 대중의 인식에 편승하지 않고 선도해 갈 수 있는 기업과 미디어의 관점이 어디 있어야 하는지 늘 새롭게 돌아보아야 한다.

아직도
천사가 필요한가요?

                                        "좋은 일 하시네요.", "참 착하시네요."

그저 직업인으로서 직무를 수행할 뿐인데도 가난하고 소외된 사회적 약자들을 위해 일하는 직업군의 사람들에게 이런 찬사가 붙는 일은 흔하다. '필요한 일'을 하는 사람들이지 특별히 착해서 그 일을 하는 사람들은 아닐 텐데도 말이다.

영화 〈보살핌의 정석〉에는 간병사라는 직업에 종사하는 벤이 등장한다. 벤은 아픈 누군가에게 '필요한' 사람이지 결코 천사가 아니다. 그렇다고 그가 나쁜 사람이란 뜻은 아니다. 그저 환자에게 필요한 만큼의 도움을 제공하는 간병사라는 직업을 가진 사람일 뿐이다.

가령, 우리 사회에 기부 천사, 봉사하는 천사 등등 천사들이 얼마나 많은가. 그뿐인가. 당연히 필요한 일을 하는 기업에 선한 기업, 착한 기업이라는 천사표가 붙는 일도 흔하다. 온통 천사들 천지다. 이렇게 인간의 일을 천사의 일로 미뤄 놓고 인간들은 별로 책임지지 않는다. 천사의 일은 추앙할 뿐 감히 비판하지 않을뿐더러, 설령 천사가 악마가 되어 간다 해도 막지 못하는 경우는 또 얼마나 많은가. 이것이 바로 '필요한 일'이 선의로만 포장되지 말아야 할 이유다.

ALOHA, 알로하!

이 말은 우리가 알고 있는 하와이 인사말이 아니다. Ask 묻고, Listen 듣고, Observe 관찰하고, Help 돕고, Ask again 다시 묻는다는 간병사의 수칙을 가리키는 약어이다. 벤의 간병사 교육을 맡은 강사가 이 원칙을 수없이 강조한다. 벤은 이 원칙에 따라 자신의 직업을 수행하는 사람이다. 알로하 원칙에서 나는 직무상의 요구 이외에 선하거나 착해야 한다는 어떤 윤리적 요구도 읽을 수가 없다. 다시 말해 간병사는 직무 원칙에 따라 일하는 전문적 직업인일 뿐 특별한 윤리적 덕목을 갖춘 사람이 아니란 뜻이다.

벤이 간병사로서 처음 맡은 사람은 뒤셴형 근위축증장애를 가진 트레버다. 사춘기 소년인 트레버는 간병사가 새로 올 때마다 무례하게 굴거나 당황하게 만들어서 그들이 오래 버티지 못하고 금방 그만두게 만들곤 하는 짓궂은 이용인이기도 하다. 그러니까 이런 그에게 특별히 '착한' 간병인이 필요한가?

면접에서 트레버가 벤에게 질문한다. 자기가 만약 변을 봐서 뒤

처리를 해야 한다면 어떤 식으로 닦을 거냐고. 벤은 뭐라고 대답했을까?

"내가 볼일을 보고 닦는 것처럼 묻어 나오는 게 없을 때까지."

이보다 무엇이 더 필요한가?

'착한' 간병인은 이런 경우 뭔가 달라야 하나? 아니다, 트레버에게 그 순간 필요한 것은 더도 덜도 말고 딱 그만큼이다.

제목부터가 〈보살핌의 정석〉이라 하니 과연 이 영화는 보살핌의 정석을 뭐라고 정의할까 궁금했다. 어쩌면 많은 관객들이 알로하 원칙 이외에 벤과 트레버가 함께 만들어 가는 관계, 소통, 공감, 신뢰 같은 플러스 알파들에 집중했을지도 모르겠다. 누군가는 천사표 간병사를 기대했을지도. 그러나 내가 먼저 본 것은 기본에 충실한 전문가다운 태도였다.

한편, 많은 장애인들에게는 벤과 트레버에게서 활동지원인과 이용인의 관계가 눈에 띄었을지도 모르겠다. 나는 트레버만큼 주체적이고 당당한 이용인인가, 내 활동지원인은 알로하 원칙에 충실한가. 그리고 영화를 보다 보면 원칙 이외에 그들이 만들어 낸 '플러스 알파'가 너무 먼 나라 이야기처럼 여겨질 수도 있겠다. 활동지원인과 여러 가지 갈등을 빚으며 힘들어하는 장애인들이 많은 것이 우리의 현실이니 말이다.

24

벤과 트레버처럼 환자와 간병사라는 관계 이외에 플러스 알파의 시너지가 만들어지려면 그야말로 기본에 충실해야만 한다. 기본에 충실하지 않으면 관계가 만들어지기도 전에 어떻게 틀어져 버리는지 소설 한 토막에서 살펴보자.

"느집엔 이거 없지?"

김유정의 단편소설 〈동백꽃〉에 등장하는 점순이는 좋아하는 마음을 꼭 이런 식으로 표현해서 쥐어박고 싶게 만든다. 마음은 좋아하는 사람에게 갓 캐낸 봄감자를 맛보게 해 주고 싶은데, 표현이 이러하니 일을 그르친다. "너 좋아할 거 같아서 가져왔어"라든가 "이거 보니 네가 생각나더라"라든가 "맛있겠지! 같이 먹을래?"처럼 감자를 받아먹으면서도 기분 좋을 만한 표현이 많고 많을 텐데, 고작 "느집엔 이거 없지?"라니. 같이 먹고 싶기는커녕 감자를 던져 버리고 싶어질 판 아닌가.

감자를 함께 나눠 먹고 싶게 만드느냐, 감자를 집어 던지고 싶게 만드냐는 바로 감자를 주는 사람의 기본적인 태도에 달렸다. 나누든 보살피든 도움을 주든 지지하든 지원하든 후원하든, 그 어떤 경우라도 상대의 마음을 다치게 하지 않고 '받는 이의 입장'에서 먼저 생각하는 것이 핵심 중의 핵심이다. 알로하 원칙은 상대방의 입장에서 상대방을 고려하는 기본에 충실하다.

점순이의 감자를 알로하 원칙에 따라 벤이 트레버에게 나눠 준다면 어떻게 될까? 트레버는 감자를 집어 던지지 않고 만족스럽게 먹었을 것이다. 이런 차이는 어디서 오는가? 점순이는 나쁘고 벤은 천사여서인가? 알로하 원칙에서 가장 중요한 사람은 상대방이다. 상대방의 필요와 만족이 최고의 목적이고 목표다. 여기서 둘은 결코 베풀고 받는 시혜자와 수혜자 관계가 아니다. 단지 필요를 주고받을 뿐. 트레버에게 필요한 것은 직업적 전문성을 갖춘 유능한 간병사이지 '착한' 간병사가 아니다.

간병사가, 활동지원인이 업무적으로 유능한 데다 착하기까지 하면 더할 나위 없이 좋을 것이다. 그러나 시혜자와 수혜자로 자리 매김하여 관계가 불균형해지고 천사의 돌봄을 받는 '대상'으로 전락하는 순간, 감히 '필요'를 요구하는 일은 황송해지고 만다.

천사는 하늘에만 살면 된다. 인간이 해야 할 마땅한 일을 천사에게만 미뤄서야 되겠는가. 전문인으로서 자신의 일을 훌륭하게 해내며 서로를 성장시키고, 관계를 지혜롭게 가꾸어 가는 벤을 통해 천사가 없어도 되는 세상을 바라게 된다.

나는 천사의 수발을 받고 싶지 않다. 유능한 활동지원인의 보조가 필요할 뿐.

26

우정의
조건

　　　　　　　　　　　　　　영화 〈언터처블 1%의 우정〉과
〈업사이드〉 그리고 〈퍼펙트맨〉은 같은 이야기의 변주다. 세 영화
를 한 줄 요약하면 '최상류층과 하류층 두 남자의 좌충우돌 친구되
기'쯤 될 수 있겠다.

　〈언터처블 1%의 우정〉은 전신마비장애가 있는 상위 1% 백만장
자 필립과 하위 1% 무일푼 백수 드리스의 우정을 다룬 프랑스 영
화다. 실화를 바탕으로 한 이 이야기를 미국판으로 리메이크한 것
이 〈업사이드〉이고, 이것의 한국판이 바로 설경구와 조진웅이 주
연을 맡은 〈퍼펙트맨〉이다. 〈퍼펙트맨〉의 제작사 측은 리메이크가
아니라고 주장하지만, 관객의 입장에서는 앞의 두 영화와 설정이
거의 비슷하고 이야기의 전개나 결말이 매우 흡사해서 전혀 별개
의 작품으로는 보이지 않는다.

　〈언터처블 1%의 우정〉은 역대 프랑스 영화 중 흥행 2위, 역대 박
스 오피스 3위를 기록하는 등 프랑스 내에서 대단한 흥행을 기록했

을 뿐 아니라, 전 세계적으로도 큰 수익을 거두었다. 이런 흥행이 리메이크작 〈업사이드〉의 자양분이 됐으며 이 영화 역시 흥행에 성공했다. 나이와 인종, 장애나 계층 간 차이를 뛰어넘는 두 남자의 우정에 많은 관객이 따뜻한 감동을 받았다, 인생 영화다, 재미있다 등등의 호평과 찬사를 보냈으며 많은 사람이 손꼽는 영화가 되었다.

그런데 나는 왜 이 영화가 불편한가?

학창 시절에 내 친구들은 다 천사였다. 왜냐하면 어른들이 모두 그렇게 여겼기 때문이다. 초등학교 때 나를 업어 주던 친구나 내 가방을 들던 친구에게 어른들은 모두 약속이나 한 듯이 이렇게 말했다. "아이구, 참 착하구나!" 그런 찬사와 더불어 어김없이 내게 이렇게 덧붙이곤 했다. "네가 친구들한테 참 잘해야겠다!"라고. 그럴 때마다 나는 생각했다. 가끔 친구들 숙제도 내가 해 주고 그림 그리기, 글짓기 숙제 거의 다 내가 해 주는데, 내 학용품도 다 나눠 쓰는데 나는 친구들에게 얼마나 더 많이 잘해 줘야 하는 걸까?

이런 일은 커서도 계속 이어졌다. 나와 함께 있는 친구들에겐 착한 사람이란 칭찬이 언제나 따라붙었고, 나와 다정했던 연인은 다른 사람들에게서 자상하고 착한 남자라는 칭송을 들으며 천사의 반열에 올랐다. 이런 경험이 비단 내게만 있는 것은 아닐 것이다. 내 장애인 친구는 남편과 함께 탄 지하철에서 "장애 있는 여자가 멀쩡한 남자랑 있는 걸 보니 돈이 많은가 보다"라며 쑤군거리는 소리를 들었던 경험을 얘기해 준 적이 있다. 장애를 가진 사람들의 친구나 연인은 본의 아니게 다 천사로 승격된다.

이 영화들에서 내가 불편해지는 지점도 바로 그런 부분이었다. 사람들이 영화에서 느낀 따뜻한 감동이란 것이 혹시 나와 함께 있는 친구들이나 연인이 천사로 보일 때의 그런 마음은 아닐까? 이것이 나의 지나친 예민함에서 오는 과한 우려일까?

벌써 제목부터가 '언터처블'이다. 백만장자로 불리는 상위 1% 최상류층, 감히 다가갈 수도 없는 언터처블한 남자가 무일푼 흑인 전과자 백수와 친구가 되는 일은 불가능하다는 통념이 이미 담긴 제목이 아닌가. 그런 통념에서 희박한 1% 우정의 가능성을 그의 장애에서 찾는다면 장애는 결핍이나 흠으로 인식될 가능성이 크다. 다시 말해 동등한 관계의 우정이라기보다 일종의 결핍된 존재에게 베풀어 주는 온정 같은 것 말이다.

왜, 그러지 않던가. 장애인 친구와 노는 것을 기껏 '놀아 준다'고 표현하거나, 장애인 친구 대신 가방을 드는 일이 '가방을 들어 주는' 선행이 되는, 마치 호흡처럼 무심한 습관이 되어 버린 생각들 말이다. 그래서 그런 언터처블한 우정이 감동적으로 여겨지는 것은 아닐까 하는 우려가 든다.

또 영화 초반에 드리스가 필립을 대하는 태도에 대해 많은 사람들이 필립을 동정하거나 불쌍하게 대하지 않는, 편견 없이 솔직한 모습이라고 여기는 것 같다. 하지만 내게는 그 모습이 꽤 무례해 보였다는 것도 또 하나의 불편한 지점이었다. 동정하거나 불쌍히 여길 필요는 없지만, 상대의 입장을 전혀 고려하지 않고 아무렇게나 생각나는 대로 내뱉는 직설적인 언행 역시 상대에 대한 존중이 없기는 마찬가지 아닌가. 물론 후반부로 갈수록 진심으로 서로를 지지하고 인정해 주는 친구가 되는 모습은 아름답고 감동적이다. 그리고 재미있고 좋은 영화임은 틀림없다.

다만 굳이 이 영화들을 불러내어 불편하다는 잔소리를 덧붙이는 이유는 장애나 계급, 혹은 환경이나 인종의 차이를 언터처블한 결핍이나 약점으로 인식하지 않기를 바라서다. 나와 친구들을 바라보던 어른들의 시선이 '착한 아이'를 보는 것에 그치지 않고 '좋은 친구 사이'로 바라봐 주기를 바랐던 그런 마음으로 말이다. 일방적으로 '착한' 한 사람만이 아니라 '좋은 상호관계'를 볼 수 있는 눈이라면 최상류층과 하류층 두 남자의 완벽한 우정을 가능하게 한 것이 무엇이었는지 돌이켜 보는 일도 그리 어렵지 않을 것이다.

가방 들어 주는
아이에게

　　　　　　　　　　　초등학교 4학년을 상대로 인권
교육을 한 적이 있다. 발달장애를 가진 남자아이가 비장애인 친구
들과 함께 있는 통합반이었는데, 통합에 어려움을 겪고 있어서 특
별히 의뢰받은 교육이었다. 교육하는 동안 거침없이 속마음을 털어
놓는 아이들의 이야기를 들으며 내내 착잡했던 기억이 생생하다.

　아이들은 장애를 가진 그 친구를 몹시 미워하고 있었다. 미우니
그 친구의 모든 게 곱게 보일 리가 없었다. 더러워요, 옆에 오는 것
도 싫어요, 답답해요…. 이런 비호감은 말할 것도 없거니와 거의 적
대감까지 드러내고 있었다. 담임 선생님으로부터 비롯된 적대감이
었다. 선생님은 뭐든지 그 애 편만 들어요, 뭐든 우리한테만 양보하
래요, 잘못한 거 있으면 걔는 안 혼내고 우리만 혼내요…. 선생님에
대한 원성이 끝이 없었다.

　친구의 장애를 이해하고 받아들이기도 전에 희생과 양보를 '강
요당한' 아이들은 마치 할 수 있는 한 힘껏 그 친구를 미워하는 것

으로 선생님에게 저항하는 듯이 보였다. 그렇게 굳게 닫힌 마음 안에 이해나 배려가 생길 리 없었다.

고정욱의 동화 〈가방 들어 주는 아이〉에서 장애아 영택이의 가방을 들어 줘야 했던 석우에게서 그 통합반 아이들의 모습을 본다. 그나마 동화는 동화답게 결국 석우가 영택이를 이해하고 친구가 되는 해피엔딩으로 끝나지만, 어쩌면 현실은 문제의 그 통합반의 모습과 더 가까울지도 모른다.

석우가 '가방 들어 주는 아이'가 된 이유는 영택이와 친해서도, 특별히 착해서도 아니다. 석우 역시 목발을 짚는 영택이를 '찔뚝이'라고 놀리는 다른 아이들과 별반 다르지 않은 아이일 뿐이다. 그저 영택이와 가장 가까운 곳에 산다는 것, 그것이 영택이의 가방을 들어 주게 된 이유의 전부다. 순전히 담임인 조기준 선생님이 그렇게 명령했기 때문이다. 영택이에게 왜 가방을 들어 줄 친구가 필요한지, 그 애가 가방을 들고 등하교를 하는 일이 얼마나 힘든지에 대해서는 아무런 설명도 없거니와, 그 어떤 민주적 절차도, 아이들의 동의도 없이 일방적으로 석우에게 떠맡겨 버린다. 석우 입장에서 보면 영택이네와 가장 가까운 곳에 사는 죄로 그야말로 재수 없게 걸린 일일 뿐이다. 그 일이 전적인 이해와 동의를 구하지 않고 강압적인 명령이 돼 버리는 순간 석우에게 영택이라는 친구는 지워지고 가방만 남게 되었다.

내 학창 시절에도 가방 들어 주는 아이가 있었다. 엄밀히 말하면 나를 업어 주는 아이. 가방을 들어 주었건 나를 업어 주었건, 친구의 도움을 받는다는 점에서는 영택이와 그리 다르지 않을 것이다. 그런 이유로 독자로서 〈가방 들어 주는 아이〉에서 가장 아쉬운 점은 선생님이 석우에게 영택의 가방을 들어 주라고 명령할 때 영택이의 표정과 감정을 지운 점이다. 할 수 없이 맡게 된 일이 불만스럽지만 석우는 "선생님의 엄한 눈빛을 떠올리며" 영택이에게 다가갔다고 되어 있다. 석우가 가방을 달라고 했을 때 영택이는 석우와 "눈을 마주치지 못하고" 힘겹게 가방을 건넨다. 억지로, 마지못해 가방을 드는 석우와 눈도 못 마주치는 영택이의 심정은 어떤 것일까.

나를 업어 주고 가방을 들어 주기도 했던 그 친구는 온 학교 온 동네에 '착한 아이'로 통했다. 어딜 가든 그 애는 착한 아이로 주목받았고 칭찬 세례가 쏟아졌다. 학년 말엔 매번 '모범 어린이상'을 수상했고 선생님의 특별 대우를 받았다.

그런데 나는? 모든 선생님들과 어른들이 침이 튈 지경으로 칭찬하는 그 애 옆에서 나는 매번 투명인간처럼 지워졌다. 난 그저 그 애가 업어 주는 대상, 도와주는 대상일 뿐 가방이나 다름없는 존재였다. 사실은 공부를 좀 못했던 그 친구를 위해 숙제부터 시험까지 어른들 모르게 내가 많이 도와주고 있었는데도 불구하고 나는 늘 '도움받는' 장애아로만 취급되었다. 선생님들은 내 의사를 확인할 때조차도 그 애에게 물으며 그 애가 내 보호자라도 되는 양 대접을 해 주었고, 내 편의가 아니라 그 애의 편의를 먼저 살펴 주었다. 나는 착한 친구 곁에서 도움을 받기만 하는 무기력한 대상에 불과했다.

어린 맘에도 억울하고 서글펐던 기억에 나는 영택이를 주목하게 되는데, 아쉽게도 이 책에서 영택이는 독자에게 '장애아'로만 부각될 뿐이고 석우와의 관계에서도 미안함 이외의 어떤 상호 감정을 드러내지 않는다. 도와주어야만 하는 장애아와 그를 도와주는 착한 아이, 그 옛날 어른들이 나와 내 친구 사이를 나누었던 불편한 대상화만 보일 뿐이다.

영택이 어머니가 영택이를 방으로 이끌자, 영택이는 힘없는 제 다리를 주먹으로 치며 말했습니다.

"엄마, 나는 왜 장애인으로 태어난 거야? 왜, 왜!"

"…."

"다른 애들은 생일이 기쁜 날이지만 난 싫어! 이렇게 힘들게 태어났는데 뭐가 기쁘다는 거야. 으흐흑!"

(중략)

　영택이 어머니가 석우 머리를 쓰다듬었습니다.

　"장애인으로 사는 게 얼마나 힘든지 우리 식구들은 잘 알고 있어. 그래도 너랑 서경이가 와서 우리 영택이랑 놀아 주니까 참 고맙구나."

　영택이와 영택이 엄마가 보여 주는 모습은 딱 이만큼이다. 장애에 대해서는 한없이 비관적이고 석우를 비롯해 도움을 준 사람들에 대해서는 지나칠 정도로 고마워한다. 장애가 힘들고 비참해서 자신의 다리를 치며 우는 아이. 당사자로서 나는 이 장면이 심지어 불편하기까지 하다. 다분히 신파적이기까지 한 이 장면을 읽고 나면 사람들은 과연 장애를 어떻게 이해하게 될까.

　장애아를 도와주라고 무조건 명령하는 담임 선생님, 영택의 가방을 들어 주기로 했다고 하자 왜 하필 너냐고 불운한 제비를 뽑은 양 반응하다가 그럼 딱 일 년만 하라던 석우 아버지, 석우를 둘도 없는 모범 학생 취급하며 덤까지 안겨 주는 문방구 아저씨, 아들의 장애를 한없이 안쓰러워만 하고 도움받는 것에 대해서는 과잉할 만큼 고마움을 표현하는 영택의 엄마…. 등장인물들의 모습을 통해 독자들은 장애를 긍정적으로 인식할 수 있을까. 아무리 비장애인 입장에서 보려고 해 봐도 영택은 한없이 불쌍하고 나약하게만 보이고, 도움을 강요하는 선생님은 폭력적이며, 석우에게서는 진정한 우정이 느껴지지 않는데 말이다.

장애가 왜 그리 비참하고 타인에게 미안한 것이 되어야 하나. 또 마음속으로는 '찔뚝이'라 무시하고 경멸하면서도 장애인을 '도와주는' 것이 왜 필요 이상으로 착한 것이 되는가. 장애인과 친구가 되는 일이 왜 우정이 아니라 '희생과 봉사'로 여겨지는가. 이 책을 읽을 때마다 드는 생각이다.

"장애인은 힘들어! 그러니까 도와줘야 하고, 그래야 착한 사람이고 좋은 세상이지!" 이 동화가 아이들에게 말해 주고 싶은 핵심은 이것일 텐데 결코 완벽히 맞는 말은 아니다. 장애가 힘든 건 맞다. 그러나 왜 힘든가? 이 사회에 다양한 차별과 장벽이 존재하고 제대로 된 편의가 제공되지 않기 때문이다. 또 장애인은 무조건 일방적으로 돕고 희생해 줘야 하는 존재도 아니다. 착한 사람이란 속으로는 무시하면서도 겉으로만 '도와주는' 사람이 아니라, 동등한 관계에서 '필요한 것'을 딱 그만큼 해 주는 사람이다. 지나친 도움이 장애인을 얼마나 불편하게 만드는지 모른다. 이렇게 서로 필요한 걸 '주고받으며' 장애와 비장애를 굳이 구분 짓지 않는 사회가 착한 사회이고 좋은 세상이다. 동화가 아이들에게 보여 줬어야 하는 것은 바로 이런 점이 아니었을까.

　장애인은 가방을 들어 주는 도움이 필요할 순 있어도 결코 가방이 되고 싶진 않다. '장애인은 도와줘야 한다!'는 사람들의 강박적인 무의식이 더는 강화되지 않기를, 또 그 강박이 더는 장애인을 무거운 가방으로 만들지 않기를 바란다.

백설공주는 왜
왕자와 결혼했을까?

1812년 그림 형제가 〈어린이와 가정을 위한 동화집〉에 맨 처음 백설공주 이야기를 내놓았을 때는 제목이 〈백설공주〉였다가, 1857년 최종판에서는 〈백설공주와 일곱 난쟁이〉로 변경되었다고 한다. 제목을 바꾼 이유는 일곱 난쟁이라는 캐릭터들의 비중이 주연급으로 커져서일 텐데, 지금에 와서는 그들이 조연으로 취급되고 있으니 내가 다 억울할 지경이다. 일단, '일곱 난쟁이'라는 표현이 좀 거슬리니 이하 '일곱 명의 키 작은 사람들'로 고쳐 부르기로 하자.

제목에 충실해서 보자면 백설공주와 일곱 키 작은 사람들이 주인공이고, 사실 왕자는 공주가 독이 든 사과를 먹고 죽었을 때 우연히 지나다 뜬금없이 나타난 '갑툭튀(갑자기 툭 튀어나온)' 캐릭터에 지나지 않는다. 그런데도 백설공주는 갑툭튀 캐릭터와 결혼하고 사람들은 그것을 '해피엔딩'이라고 말한다. 과연 정말 해피엔딩인가?

백설공주는 왜 왕자를 선택했을까? 왕자가 백설공주의 생명을 구해 주어서? 그렇게 따지면 일곱 남자들만큼 시시때때로 백설공주를 구해 준 사람도 없다. 왕비의 집요한 살해 시도로부터 매번 공주를 구한 건 바로 그 일곱 남자들이다. 왕자는 딱 한 번, 그것도 공주가 죽은 다음에야 뒤늦게 나타나서 공주를 살리겠다는 불굴의 의지 한번 보인 적 없이, 그저 공주 얼굴이 예뻐서 대뜸 데려가다가 우연히 살아나는 모습을 본 것뿐, 그야말로 거저먹는 캐릭터가 아니던가. 깨어난 공주는 또 어떤가. 그간 그녀에게 온 마음을 다했던 일곱 남자를 미련 없이 버리고 홀랑 왕자를 따라가 버린다.

백설공주가 왕비의 손아귀를 피해 숲속에 왔을 때 그녀를 받아주고 지극 정성으로 보살핀 사람들은 바로 일곱 남자들이다. 좀 어리벙벙한 구석이 있는 백설공주가 왕비의 계략에 넘어갈 때마다 그녀를 구해 준 것 역시 그 일곱 남자들이다. 그런데 백설공주는 왜 그들 가운데 아무도 로맨스의 대상으로 삼지 않았으며, 왜 그것이 당연하게 여겨지는가.

그동안 봐 왔던 백설공주의 그림은 늘 이런 식이었다. 나이도 어린 데다가 남의 집에 얹혀사는 주제에 허리에 팔을 두르고 서서 일곱 남자를 내려다보며 무언가 지시하는 모습. 이 무슨 주객전도인가. 마치 키 큰 사람이 키 작은 사람들을 상대로 군림하며 어른 노릇을 하고 있는 것처럼 보인다.

그리고 죽다 살아난 뒤에 보인 공주의 행태는 어떠했는가. 깨어나 보니 눈앞에 왕자가 있었다. 책에는 왕자의 생김새가 구체적으로 언급되어 있지 않으니, 잘생겼는지 못생겼는지 알 수 없다. 그런데도 사람들은 묻지도 따지지도 않고 왕자가 잘생겼다고 단정하고, 왕자를 따라가는 백설공주의 선택에 대해 추호의 의문도 품지 않는다. 백설공주의 선택은 왜 당연한가. 잘생긴 왕자라서? 아니면, 왕자라는 신분과 재산 때문에? 둘 사이에 교감이 일어나지도 않았고 특별한 이유가 없는데도 백설공주는 왕자와 덜컥 결혼해 버리는데, 여성주의 시각에서 보더라도 이해하기 어렵긴 마찬가지다.

동화를 읽는 사람들 중 왜 공주가 왕자를 선택하는지에 대해 시비를 거는 사람은 없어 보인다. 왕자는 그렇게 공주의 당연한 선택인 반면 일곱 남자들에 대해서는 아무도 '남자'라고 여기지 않는다. 그냥 난쟁이일 뿐이다. 심지어 〈백설공주를 사랑한 난장이〉라는 제목으로 각색된 작품에서도 공주는 그들을 사랑하지 않는다. 왜 그럴까? 소위 '난쟁이'라 불리는 그 일곱 명의 키 작은 남자들은 사람들에게 '남성'으로 인식되지 않는다. 여기에 사람들 머릿속에 내재된 장애인을 바라보는 시각이 드러난다. 장애인은 장애인일 뿐, 성을 가진 존재가 아닌 것이다.

한 뇌병변 장애인 남성이 지하철에서 겪은 이야기를 듣고 기막혔던 적이 있다. 그가 지하철에서 내리는데 누군가 기어코 따라오더니 묻지 않고는 배길 수 없다는 듯 필사적으로 묻더란다. "저, 당신도 남자구실 할 수 있어요?" 그뿐이겠나? 많은 장애 여성들이 무성의 존재로 취급받으며 심심치 않게 성과 관련한 질문을 받는다. 매달 그거 해요? 애는 낳을 수 있어요? 여자구실은 해요?

세계적으로 유명한 배우 피터 딘클리지는 키가 작은 왜소증 장애인이다. 〈헝거게임〉 등 다양한 작품에서 개성 있는 연기를 보여 주어 많은 사람들의 찬사를 받았다. 그런데 그의 이름 앞에 붙는 수사는 다른 남자 배우들을 표현하는 수사들과 사뭇 다르다. '멋진', '잘생긴', '매력적인' 대신, 동화 속 일곱 남자들에게 붙은 것과 똑같은 '난쟁이'가 그의 이름 앞에 가장 많이 따라붙는다. 그를 멋진 남자 배우로 보는 시각보다는 개성 있는(?) 장애인 배우 정도로 보는 시각이 더 우세하다. 세계적인 영화제에서 상을 타며 큰 주목을 받은 영화 〈쓰리 빌보드〉에도 딘클리지가 출연한다. 그는 범죄로 딸을 잃은 밀드레드를 마음속으로 사랑하고 도와주는 제임스 역할을 맡았는데, 밀드레드는 그를 이용하면서도 경멸한다. 왜 딘클리지는 로맨스의 멋진 남자 주인공으로 등장할 수 없는가?

그런데 드디어 딘클리지가 로맨스의 주인공으로 등장하는 영화 〈시라노〉가 개봉을 했다. 이 영화의 원작은 에드몽 로스탕이 쓴 희곡 〈시라노 드 베르주라크〉(1897년)로, 주인공 시라노는 크고 못생긴 코 때문에 콤플렉스를 가진 인물이다. 1990년에 개봉한 영화 〈시라노〉에서는 실제로 코가 크기로 유명한 배우 제라르 드파르디외가 주인공을 맡았었는데, 2021년의 새로운 시라노는 큰 코가 아니라 작은 키를 가진 인물로 각색돼 피터 딘클리지가 그 역을 맡았다.

"세상은 미녀와 난쟁이의 사랑을 원하지 않아!"

여주인공 록산을 깊이 사랑하면서도 콤플렉스 때문에 차마 고백하지 못하는 시라노는, 친구 크리스티앙의 연애편지를 대필하며 평생 록산을 바라보기만 한다. 결국 죽음 앞에 이르러서야 아름다운 그의 영혼을 사랑했던 록산의 진심을 확인하고, 그가 평생 사랑한 것은 그녀가 아니라 그의 자존심이었음을 탄식하며 눈을 감는다.

영화 속에서는 시라노의 작은 키가 결코 장애로서 부각되어 그려지진 않지만, 사랑을 가로막는 최악의 콤플렉스요 걸림돌이 된다. 또한 시라노의 지극한 사랑을 받는 록산조차 그의 불타는 사랑을 눈치채지 못할 만큼 시라노는 그녀에게 에로틱한 사랑의 대상이 아니다. 마치 백설공주가 일곱 명의 키 작은 사람들에 대하여 그랬던 것처럼. 무엇보다 시라노의 마지막 탄식처럼 그를 가둔 건 바로 그 자신이었다. 스스로조차 에로틱한 사랑의 대상으로서 자신을 인정하지 않았다.

누군가 페이스북에 한탄을 했다. 비 오는 날 자기도 제임스 딘처럼 멋지게 빗속을 걸으며 담배를 피우고 싶은데, 그러면 제임스 딘처럼 멋있어 보이는 게 아니라 장애인이 비 맞고 다니는 게 불쌍하다고 동전을 던져 주겠지? 라고. 그 짧은 글에 피식 웃었지만 많은 장애인들의 현실이 그렇다. 뭘 해도 불쌍해 보이거나, '개성 있는'과 같은 식의 중성적인 수사로 얼버무려 표현되고 만다. 세상은 미녀와 난쟁이의 사랑을 원하지 않는다고 지레 마음을 숨겨 버린 시라노의 변명도 어쩌면 그런 탓인지도 모르겠다.

장애인도 누군가를 사랑하고 사랑받을 수 있는 성적인 존재다. 멋지고 아름답고 섹시하게 충분히 성적 매력을 발산하고 싶은 성을 가진 존재다. 그러나 이렇게 동화를 비롯한 많은 이야기 속에서, 그리고 동서고금을 막론한 사회적 인식 속에서 여전히 장애인은 성을 가진 존재로, 에로틱한 사랑의 대상으로 인정받지 못한다.

만약, 백설공주가 선택한 사람이 철딱서니 없는 외모지상주의자인 왕자가 아니라 곁에서 오랫동안 그녀를 지켜 준 키 작은 남자들 중 하나였다면, 그리고 그 키 작은 남자들이 가진 남성으로서의 매력이 뿜뿜 마구 뿜어져 나오도록 동화가 표현했다면 독자들은 지금보다 좀 더 다채롭게 세상을 볼 수 있지 않았을까? 우리 곁의 동화, 우리 안의 이야기들을 다시 한번 돌아봐야 하는 이유다.

불쌍하거나
불편하거나

　　　　　　　　　　　장애 있는 사람치고 지하철이나 사람 많은 장소에서 행인들에게 동전 몇 푼 못 받아 본 사람 별로 없고, 사탕 한 개쯤 얻어먹어 보지 못한 사람도 거의 없을 것이다. 불쌍해서 주는, 일명 적선인 셈이다. 휠체어에 가만히 앉아 있는데 누군가 와서 동전을 주고 가더라는 경험담을 요즘도 종종 듣는다. 그뿐인가. 한없이 측은한 눈빛들, 쯧쯧쯧 혀 차는 소리 등은 좀처럼 변하지 않고 겪는 일상 중 하나다.

　장애인을 불쌍한 시선으로 바라보는 건 우리나라 상황만은 아닌가 보다. 로버트 보그단과 사리 놉 비클렌은 문학, 영화, TV 매체 등에 나타난 장애인에 대한 고정관념을 분류해 모두 열 가지로 제시하였는데, 그중 첫 번째 유형이 '동정과 자선 대상'으로의 이미지다. 불쌍하고 딱한 처지의 사람으로, 비장애인의 동정과 도움을 받아야 하는 이미지로 장애인을 인식하는 것이다. 또 초등학생이 장애인을 인식하는 특징을 그림 검사를 통해 분류한 연구가 있는

데, 장애인 하면 가장 먼저 떠올리는 이미지가 '돌봄과 도움이 필요한 대상'이라는 결과가 나왔다. 중요한 것은, 장애인을 이웃이나 친구로서 직접 접촉한 경험이 있는 아이일수록 장애인을 독립적이고 일상적인 이미지로 그렸으며, 상호작용을 통해 매우 긍정적인 이미지를 가지고 있었다는 점이다. 장애인에 대한 부정적인 이미지는 직접 접촉이나 상호작용을 통해 생긴다기보다는, 간접적인 경험이나 이미지를 통해 형성된다는 것을 추측할 수 있다. 그리고 부정적인 이미지를 제공하고 형성하는 역할을 주로 미디어가 맡고 있을 가능성이 매우 크다.

TV 드라마나 영화, 광고 등을 통해 그동안 장애인에 대해 어떤 이미지들을 보아 왔는지 돌이켜 보자. 앞의 연구들에서 왜 장애인 하면 가장 먼저 불쌍하고 도움이 필요한 사람으로 떠올렸는지 어렵지 않게 유추해 볼 수 있다. 대부분의 모금 방송에서 장애인은 불쌍하고 가난하게 그려지며, 드라마에서 휠체어를 탄 인물이 등장할 때는 뒤에서 누군가가 밀어 주는 모습이 아주 흔하다. 심지어 밀어 줄 필요가 없는 전동휠체어를 탔을 때도 말이다.

언젠가 한 지상파 방송의 대표적인 장애인 프로그램을 보다가 화가 난 적이 있다. 지역사회 이웃을 위해 장애인들이 꾸민 연극을 소개하는 내용이었다. 실직을 한 사람, 성적을 비관하는 사람, 실연으로 슬퍼하는 사람 등 다양한 삶의 고통을 토로하는 사람들에게 장애인들이 다가가 위로하는 내용이었다. 그런데 그 위로라는 것이 정말 기가 막혔다. '나는 이런 장애를 가지고도 이렇게 살고 있는데, 너는 나보다 훨씬 더 나은 인생 아니냐'는 것이 이 연극의 요점. 울먹이던 사람들이 그런 위로를 듣고는 갑자기 함께 환한 웃음을 지으며 끝이 나는데, 정말이지 이게 무슨 장애에 대한 인식 개선이며 위로인가 싶었다.

나는 저들보다 나으니 얼마나 다행인가 하는 것은 값싼 위로에 불과하다. 왜 행복이 '나보다 못한' 누군가와 비교함으로써 이루어지도록 손쉽게 처방되는가. 내 행복에 대한 확신을 왜 늘 누군가를 넘어선 우월감을 확인한 후에야 갖게 되는가. 그러한 행복의 바로미터가 되는 것은 장애인이거나 소위 '가난한 이웃의 불행'인 경우가 많다.

장애인과 비장애인이 함께하는 프로그램을 마치고 나서 참여 후기를 듣고는 속으로 무척 놀랐던 경험이 있다. 비장애인 참여자들의 소감은 거의 비슷했다. 장애인도 나와 똑같은 사람이더라, 저 사람들은 장애를 가지고도 저렇게 사는데 나는 뭔가 싶어서 부끄럽더라, 나는 얼마나 행복한 사람인가 생각하니 감사하더라…. 놀랍지 않은가? 대단한 깨달음인 양 장애인도 사람이구나 느끼는 것도 놀라운데, 장애인과의 비교를 통해 나는 얼마나 행복한 사람인가를 깨닫고 감사한다니. 더 놀라운 것은 그 소감을 들으며 무척 불편했던 나와 달리 비장애인 참여자들은 몹시 공감하며 고개를 끄덕였다는 사실이다.

안타깝게도 대부분의 미디어 프로그램이 바로 그런 시선으로 만들어진다. 장애인뿐만 아니라 가난하고 특별한 어려움에 처한 사람들의 현실을 쉽게 금 그어 저편으로 밀어 놓고 대상화하면서, 이편에 속한 사람들의 자기 위안적인 성찰을 이끌어 내는 방식의 방송이 얼마나 많은가. 〈세상에 이런 일이〉 같은 유형의 방송에서 장애인을 그리는 방식이 그러하고, 장애인 프로그램을 표방하는 방송들 역시 이와 유사하다. 안타깝게도 장애를 특별하게 다루는 다큐멘터리 프로그램도 대부분 그렇다.

자녀 살해 후 자살이라는 사회적 문제를 소재로 한 영화 〈나를 구하지 마세요〉의 한 장면이 보여 준 다른 방식, 즉 상대를 대상화하지 않는 방식이 꽤 인상 깊었다. 이 영화는 경제적 파탄으로 무너져 내린 가정의 아이 선유와 선유네 반 아이들을 통해 이 시대 우리 사회의 어두운 자화상을 잘 조명한다. 아이들이 보여 주는 선유를 향한 마음은 보는 내내 눈물겨웠다.

친구들은 사랑하는 아버지를 안타깝게 잃고 어려운 형편에 처한 선유를 잘 챙겨 주고 싶었다. 선유를 생각하는 마음을 표현하고 싶고 뭐든 나눠 주고 싶지만, 상처와 자격지심으로 꽁꽁 닫힌 선유의 마음을 여는 일은 쉽지 않다. 그러나 표현도 서툴고 배려도 서툰 친구들이 마음을 함께 나눌 방법을 지혜롭게 찾아내는 모습에서 뭉클해지지 않을 수 없었다. 그 방법이란 바로 "이 초콜릿 너 먹어!"가 아니라 "우리 다 같이 나눠 먹을까?"로 주는 방법을 바꾸는 것이었다. 초콜릿을 나눠 주는 대상이 아니라 함께 나누어 먹는 친구가 되는 것. 그렇게 함으로써 선유는 다른 친구들과 동떨어진 불쌍한 아이로 대상화되지 않고, 초콜릿을 함께 나눠 먹는 또래의 일원이 된다. 누구도 불쌍하지 않다. 도와줘야 하는 대상은 아무도 없다. 그저 친구일 뿐.

미디어가 장애를 그릴 때도 그동안 그려 온 방식과는 다른, 이런 멋진 방법을 찾아낼 수 있으면 좋겠다. 더는 불쌍하거나 불편한 저편의 대상으로서가 아니라, 우리 안에서 함께 있는 사람으로 말이다.

공익광고
삐딱하게 보기

　　　　　　　　　　　　　　"나는 장애인이지만 내 일에 장애는 없습니다."

　차 한잔 마시며 잠깐 쉴까 하고 틀어 놓은 텔레비전에서 마침 이런 공익광고가 흘러나오고 있었다. 한국장애인고용공단이 장애인 고용 장려를 위해 제작한 장애 인식 개선용 광고였다. 다양한 유형의 장애 직장인들이 각자의 일터에서 열심히 일하는 모습을 보여 주며 누구나 그렇듯 지각하는 날도 있고 실수하는 날도 있고 결과가 좋지 않은 날도 있겠지만 우리도 다르지 않다, 다른 직장인들처럼 우리도 실수하고 부딪히며 성장할 것이다… 대충 이런 내용이었다.

　나는 장애인이지만…? 이 대목이 문득 목구멍에 걸렸다. 예전에 어느 정당의 비례대표로 나온 한 장애인 후보도 그렇게 말했었다. "나는 장애인이지만 성악가입니다"라고. 사실 장애인이어서 일을 못하거나 누구나 가질 수 있는 어떤 직업을 갖지 못할 이유가 전혀 없는데도 장애인인 것과 직장인인 것, 장애인인 것과 성악가인 것이 마치 도통 될 법하지 않은 소리라는 듯이 말한다. 지레 '나는 장애인이지만'이라는 사족을 달아서 장애에 대한 부정적인 시각을 굳이 재확인시키고 부각시킬 필요가 있을까?

물론 여전히 우리 사회에서 많은 장애인들이 자신의 능력을 제대로 평가받지 못하고, 일할 수 있는데도 일할 기회를 얻지 못하는 편견과 차별을 겪고 있다. 그런 현실이 뼈아프도록 안타까운 것도 사실이다. 그렇다 해도 굳이 '나는 장애인이지만'이라고 매사에 전제를 다는 것은 어색하지 않은가. 마치 "나는 여자이지만 일할 수 있습니다"라거나 "나는 흑인이지만 가수입니다"라고 말하는 것처럼.

'비록 장애가 있지만', '장애인임에도 불구하고' 등과 같은 표현은 결국 우리가 그토록 잘라 내고 싶었던 '장애 극복'이라는 틀에 엉겨 붙은 꼬리표 같은 것은 아닐까. 이 꼬리표는 '이 정도면 됐지?'라는 듯 미리 한계를 표시함으로써 장애인에게 주어질지 모르는 과도한 기대치나 책임으로부터 보호해 주겠다는 일종의 '깍두기 표시', 즉 열외자 표시처럼 느껴진다.

"한 번만 더 알아봐 주세요!"

"한 번만 더 바라봐 주세요!"

"한 번만 더 생각해 주세요!"

언젠가 달리는 KTX 열차 안에서 이런 표어가 흐르는 광고 영상을 보았다. 창밖이 지루해 고개를 돌리다가 열차 안에 설치된 화면에서 우연히 만난 영상이었다. 그 영상 역시 한국장애인고용공단이 직장 내 장애 인식 개선을 위해 제작한 것인데 내용은 대충 이렇다.

휠체어를 탄 장애인 직원을 비장애인 직원이 뒤에서 밀어 주며 식당에 들어선다. 회식 자리로 예약된 듯한 그 식당은 문을 열고 들어가 보니 휠체어가 진입할 수 없다. 순간 장애인 직원은 난감한 표정이 되고 그 위로 "한 번만 더 알아봐 주세요!"라는 자막이 올라온다. 다음 장면은 시각장애를 가진 직원이 박스가 아무렇게나 어질러진 통로를 지나가며 힘들어하는데 주변의 비장애인 직원은 무심하게 자기 일만 하고 있다. 그 위로 "한 번만 더 바라봐 주세요!"라는 자막이 나온다. 마지막 장면은 청각장애를 가진 직원이 다른 직원들에게는 다 공지된 사안을 혼자만 몰라서 당황하게 되는 상황이고 "한 번만 더 생각해 주세요!"라는 자막이 붙는다.

세 가지 사례 모두 비장애인 직원들에게 '도움과 배려'를 요구하는 내용이다. 도움을 받는 쪽은 장애인이고 베푸는 쪽은 비장애인이라는 포지션이 확실하게 설정되어 있다. 이 영상이 제안하는 대로 비장애인 직원들은 장애인에 대한 도움과 배려 요구에 기꺼이

응하려는 마음이 들까? 영상 속 상황대로라면 비장애인 직원들은 바쁜데도 회식 자리까지 일부러 신경 써서 알아봐야 하고, 시각장애인 직원 때문에 물건을 통로에 함부로 놓으면 안 되고, 청각장애인 직원 때문에 사소한 공지조차 일일이 메신저로 띄워야 하는 번거로움을 감수해야 한다. 시간 있고 여유 있을 때는 기꺼이 할 수 있는 일이다. 그러나 그럴 수 없을 때에는…? 어느 순간 장애인 직원은 함께 일하기 부담스러운 존재로 여겨지게 될지도 모른다. 어떤 원칙이 아니라 배려나 도움 같은 사람의 호의나 '착함'에만 기대는 방식은 안타깝지만 언제든 사람을 소외시킬 수 있다.

소위 '인식 개선'이란 명분 아래 장애인은 도와줘야만 하는 존재로 손쉽게 규정되거나, '장애가 있지만', '장애에도 불구하고' 등의 전제로 한정되며 철저하게 대상화된다. 그렇게 '우리'가 아니라 '그들'로 분리된다. 따지고 보면 장애인 편에서 편들어 주자고 하는 일인데도 불구하고, 이상하게 편드는 시누이가 더 미워지는 형국이 되고 만다.

이제는 좀 다른 방법으로 이야기해 보면 어떨까?

우선 장애인이지만, 장애가 있어도, 장애에도 불구하고… 따위의 '장애'에 대한 부정적 전제는 떼어 버리고 이야기해 보자. 앞서 얘기했듯이 '난 여자이지만'이나 '난 흑인이지만'이란 어색한 전제를 하지 않는 편이 훨씬 더 자연스럽다. 개개인의 다름에 대하여 일일이 '나는 코가 크지만'이라든가 '나는 머리가 노랗지만' 같은 불필요한 전제를 나열하지 않는 것처럼.

그리고 무슨 법칙이라도 되는 양 장애인의 휠체어를 밀어 주면서 등장하는 전형적인 장면은 이제 지양하자. 도움은 필요한 순간에 주어져야만 고마운 것이지 불필요한 도움은 부담일 뿐이다. 통로에 어질러진 박스를 치우는 일이 왜 꼭 시각장애인 직원을 위해서만인가? 비장애인 직원이 시각장애인 직원을 위해 '도와줘야 할' 일이 아니라 그저 모두를 위해 '필요한' 일일 뿐이다. 비좁고 복잡한 공간에서 박스에 걸려 넘어질 위험은 언제든 누구에게나 있을 수 있는 일이기 때문이다. 시각장애인 직원만이 아니라 모두를 위해 필요한 일이라는 인식이 훨씬 평등하지 않은가? 청각장애인 직원 사례도 마찬가지. 꼭 청각장애인 직원만을 위해서가 아니라 직원 모두를 위해 필요한 방식을 고민해 보면 다양한 대안들이 제시될 수 있을 것이다.

잘못된 이해나 인식에서 오는 피해는 고스란히 장애인들이 겪는다. '장애인이니까 도와줘' 식의 어설픈 시혜적 편들기가 미운 이유다. 도움은 장애인에게만 주어져야 하는 것이 아니라 구성원 모두가 서로 주고받는 것이다. 그리고 공동체는 어느 한쪽의 일방적인 희생이나 헌신만으로 유지되지도 않는다. 한쪽의 일방적인 도움과 배려를 요구하는 지금의 인식 개선 방식은 구성원 모두를 위해서도 바람직하지 않다.

　'장애인을 위한' 직장이 아니라 '모두를 위한' 직장을 함께 만드는 것으로, 도움의 시혜자와 수혜자를 명확하게 구분 짓는 것을 넘어 서로 돕는 모두를 위해, 이제 우리의 생각도 유니버설하게 전환해야 하지 않을까.

특이하거나
특별하거나

　　　　　　　　　　　　　설탕통에 담아 둔 각설탕 몇 개, 반짇고리에 무심히 넣어 두었을 단추 몇 개나 손톱깎이처럼 딱히 품목이나 수량을 손꼽기 애매한 물건들이 사라지는 일을 누구나 종종 경험할 것이다. 그런 경우 대부분은 내가 부주의했겠거니, 내 착각이겠거니 대충 흘려버릴 텐데 어떤 상상력은 그 사소한 이야기에 생명을 불어넣어 재미있고 따뜻한 이야기로 탄생시킨다. 애니메이션 〈마루 밑 아리에티〉가 바로 그런 상상력에서 시작되었다. 요양차 할머니 집에 온 소년 쇼와 그 집 마루 밑에 사는 소인족 소녀 아리에티의 조우와 우정을 아름답고 따뜻하게 그린 일본 지브리 스튜디오의 수작이다.

　원제는 借りぐらしのアリエッティ, '빌려 사는 아리에티'이다. 아리에티와 그의 가족들은 멸종해 가는 소인족으로 인간의 집 한켠에 기거하며 인간의 물건을 몰래 가져다 쓰는데, 그들은 이것을 '빌린다'고 말한다. 그러나 그것이 '훔치는 것'인지 '빌리는 것'인지 혹

55

은 그냥 '주는 것'인지는 상대가 그들을 어떻게 정의하느냐에 따라 달라질 수 있다.

쇼에게 아리에티와 그 가족은 특별하다. 아리에티와 아빠가 각설탕과 휴지를 빌리러 온 밤에 그 기묘한 존재를 맞닥뜨린 쇼는 독특한 존재들에게 마음을 빼앗겼고, 친구가 되고 싶었고 자신이 가진 좋은 것을 나눠 주고 싶었다. 그러나 집안 살림을 돌보는 가정부 하루 아줌마는 생각이 다르다. 그녀에게 아리에티 가족은 특이하다. 그들은 인간을 닮았지만 인간이 아닌, 인간에 빌붙어 쥐나 다름없이 인간의 물건을 '훔쳐서' 사는 기생적인 존재다. 집안 대대로 전설처럼 내려오는 소인의 존재를 직접 눈으로 확인한 순간, 그녀는 그 '특이한' 존재들을 내버려둘 수가 없었다. 평화로운 인간의 세상에 해가 되지 않도록 박멸하거나 퇴치해야만 하는 대상일 뿐이다. 쇼의 할머니는 또 다른 입장이다. 할머니는 말로만 들어 오던 전설적인 존재들과의 공존을 막연하게 생각할 뿐, 손주의 건강 말고는 다른 것에 적극적인 관심이 없다.

특별하거나 특이하거나. 아리에티와 그 가족을 위협한 것은 바로 이 두 가지 시선이었다. 아리에티 가족을 '특이하게' 여기는 하루 아줌마의 시선이 위험한 것은 굳이 말할 필요도 없다. 그녀는 아리에티의 엄마를 발견하자마자 사로잡아 곤충 채집하듯 병 속에 가둬 놓았으며, 쥐 박멸업체를 불러 아리에티 가족을 없애 버리려 했다. 하루 아줌마의 방식은 아리에티 가족을 먼 곳으로 도망치게 만든 가장 결정적인 위협이었다.

그렇다면 아리에티와 그 가족을 향한 호의적이고 우정 어린 쇼의 '특별한' 시선은 왜 문제였을까? 쇼는 이 특별한 존재들에게 자신이 할 수 있는 한 최고의 것을 나눠 주고 싶었다. 그렇게 친구가 되고 싶었다. 자신이 베푼 호의에 기뻐하는 아리에티를 보고 싶었다. 쇼에게는 그의 증조할아버지가 언젠가 만날 소인 가족들을 위해 만든 아름다운 인형의 집이 있었다. 특히, 더욱 신경 써서 만든 인형의 집 부엌에는 소인 가족을 위한 온갖 아기자기한 부엌 소품들과 식기들, 근사한 오븐까지 완벽하게 갖추어져 있었다. 쇼는 그 부엌을 아리에티 가족을 위해 선물하고 싶었다.

그러나 쇼의 서프라이즈 선물을 받은 날, 아리에티 가족은 오래 지켜 온 삶의 터전을 떠날 때가 왔음을 직감했다. 어느 날 갑자기 집이 뒤흔들리며 정든 부엌이 한순간에 뽑혀 나가고 새 부엌이 내려앉는 모습을 망연자실 지켜봐야 했던 그들에게 선물은 기쁨이 아니라 공포였다. 새로 생긴 부엌은 근사하기 이를 데 없었지만 숨겨 왔던 자신들의 존재를 들켰다는 두려움과, 언젠가는 그것도 헌 부엌처럼 뽑혀 나갈지 모른다는 자명한 공포가 그들을 떠나게 만들었다.

쇼의 빗나간 호의 때문에 아리에티 가족의 존재는 결국 세상에 드러나고 말았다. 쇼의 호의와 우정은 믿지만, 하루 아줌마처럼 그들을 '특이하게' 바라보고 위협하는 사람들 때문에 더는 그곳에 머무를 수 없었다. 위태롭게 주전자를 타고 강물을 따라 떠나는 아리에티 가족의 모습이 애처로웠다.

세상의 수많은 아리에티들이 특별하거나 특이하지 않고 아름답게 공존하는 방법은 무엇일까? 이 크리스마스의 계절에 이 영화를 가족들과 함께 보며 이야기를 나누어 보면 좋겠다. 모든 날이 그렇지만 크리스마스는 더욱, 서로 다른 존재들이 존재 그 자체로 그답게 모두와 평화롭게 공존하는 아름다운 세상을 그리는 날 아닌가.

기적이 아니라
기회를

어느 휴일, 이리저리 텔레비전 채널을 돌리다가 사고로 전신마비가 된 아버지와 그 딸의 이야기가 눈에 들어와 채널을 고정했다. 전신마비로 누워서 꼼짝 못 하던 아버지가 딸의 헌신적인 노력으로 다시 일어설 수 있게 됐다고 했다. 아니나 다를까, 정말로 그 아버지는 화면 속에서 딸의 부축을 받으며 서툴게나마 걷고 있었다.

딸은 아버지를 일으켜 세우기 위해 혹독하게 재활 훈련을 시켰다고 했다. 주변 사람들에게 모진 딸이라는 소리를 들으면서까지 아버지를 다시 일으켜 세우기 위해 피나는 훈련을 시켰더니 놀랍게도 전신마비였던 아버지가 일어서서 걷게 되었다는 기적 같은 이야기를 보면서 나는 왜 마음이 착잡해졌을까.

홍콩 영화 〈마마적신기소자〉에서도 비슷한 장면이 등장한다. 신생아 황달로 뇌병변장애를 갖게 된 어린 아들 소화위를 일으켜 걷게 하는 엄마의 모습은 잔인하기까지 하다. 뜨거운 연기가 피어오르는 용액 속으로 빨래가 밀려 들어가는 컨베이어 벨트 위에 아들을 앉혀 놓고 공포에 질린 아이에게 엄마가 무섭게 외친다. "걸어! 걸으라고!!"

그다음 무슨 일이 일어났을까? 마비로 평생 걸을 수 없다던 아이가 거짓말처럼 일어서서 걷는다. 공포 때문인지 초능력 때문인지 엄마의 절망 때문인지, 잔뜩 겁에 질려 있던 아이가 이윽고 난간을 붙들고 일어나 걷는 기적이 일어난 것이다. 단지 영화 속 기적일 뿐이라고 말하고 싶지만 이 영화는 실화를 바탕으로 했다. 물론 극적인 효과를 위해 과장된 부분이 있겠지만, 2008년 베이징 패럴림픽에서 육상 200미터 세계 신기록을 달성한 홍콩 장애인 육상선수 소화위의 이야기를 담았다.

모질고 혹독하게 재활 훈련을 시키면, 절벽 아래로 새끼를 던진다는 맹수의 비법처럼 가혹하게 극단으로 몰아넣으면 걸을 수 없는 장애인도 숨은 초능력이라도 끌어올려 일어나 걷는 기적을 경험할 수 있을까? 간절하게 바라면 기적이 일어날 수 있다는 판타지는 무책임하며, 기적을 겪지 못하는 무수히 많은 평범한 사람들에게 상처와 좌절감을 안겨 줄 수 있다. 누구는 그만큼 간절하지 않은가, 누구는 그만큼 사력을 다하지 않았나, 누구의 피땀은 그만큼 진하지 않은가? 간절함과 열심의 총량이 기적이 일어날 확률과 비레하는 것은 아니기 때문이다.

이 영화는 〈마마적신기소자〉라는 제목부터 이미 기적을 내포한다. 소화위는 그 엄마에게 신기소자(神奇小子), 즉 신기하고 기묘한 아이, 기적의 아이다. 기적처럼 일어선 소화위는 나중엔 기차보다 빨리 뛰는 소년이 되었다. 열여섯 살인 1996년 애틀랜타 패럴림픽에서 계주 금메달을 시작으로 2000년, 2004년, 2008년 무려 4회 연속 금메달을 딴 홍콩의 대표적인 장애인 육상선수가 되었다. 그뿐 아니라 육상 200미터 부문 세계 신기록을 세웠다.

얼마나 기적 같은 이야기인가? 이 영화에서 기적을 만든 것은 소화위가 아니라 그의 어머니다. 평생 걷지 못할 것이라는 의사의 진단을 받았음에도 혹독한 재활 훈련으로 아들을 일으켜 세운 엄마, 헌신적인 돌봄으로 아들을 세계 신기록 보유 선수로 만든 훌륭한 엄마가 바로 그녀다. 그러니까 이 영화의 진짜 주인공은 소화위가 아니라 그 엄마인 셈이다.

훌륭하기 짝이 없는 이 엄마의 시간은 아들 소화위를 중심으로 돌아간다. 심지어 둘째 아이를 낳는 일도 나중에 부모 대신 소화위를 돌봐 줄 형제를 만들어 주기 위해 계획한 일이었다. 삼천지교의 맹모는 소화위 엄마 앞에서 감히 명함도 못 내밀 수준이다.

기적을 만들어 내는 엄마 뒤에서 소화위는 과연 행복했을까? 평범한 아들이 아니라 특출난 아들이 되어 주길 바라는 엄마의 기대에 부응하기 위해 달리고 또 달려야만 했던 소화위. 그는 뼈저리게 알고 있었다. 현재의 자신이 존재하기 위해 가족들이 얼마나 많은 것을 희생하고 포기해야 했는지. 그 부채감과 죄책감 때문에 더 열심히 달려야만 했고, 기차보다 빨리 뛰는 사람이 되기는 했다.

그러나 모든 것이 열심히 한다고 다 이루어지지는 않는다. 아무리 사력을 다해도 이룰 수 없는 것들이 있는 법이다. 어쩌면 생의 더 많은 것들은 한 번의 기적보다 수많은 기회를 통해 얻어지는 것인지도 모른다. 엄마가 바라는 기적을 위해 뛰는 동안 소화위는 좋은 형이 될 기회도, 짝사랑하는 여자 친구에게 고백할 기회도 잃어버렸다. 아들을 위한다는 엄마의 과도한 열심이 아들이 누려야 할 작은 기회들을 잃게 했다.

"제가 정상인이 아니라는 걸 늘 엄마가 상기시켜 주시네요!"

아버지가 갑작스레 세상을 떠난 뒤 달리기를 포기하고 생계를 위해 택배 일을 하던 소화위가 다시 뛰라고 종용하는 엄마에게 울먹이면서 외친 말이다. 장애인이니까 힘든 너만큼이나 장애인의 엄마라서 힘들다며 엄마는 소화위를 설득한다. 그러나 장애인이니까 더 특별해야 한다는 말도, 장애인이니까 가만히 있으라는 말도 모두 '장애'를 상기시키는 말일 뿐이다. '장애인이니까'가 아니라

'너니까' 해 줄 수 있는 말들을 해야 했던 건 아닐까.

소화위에게 필요했던 것은 자기를 특별하게 만들어 주는 단 한 번의 기적이 아니라 자신이 좋아하는 일을 선택하고 사랑하는 사람들과 평범한 일상을 누릴 기회를 더 많이 얻는 것이었다. 그러나 엄마는, 세상은 그가 특별한 영웅으로서 더 특별한 삶을 누리기만을 강요했다.

"동일 노동, 동일 임금"은 소화위가 금메달을 딴 후 장애인 선수와 비장애인 선수 간의 엄청난 포상금 차등 지급을 두고 그의 엄마가 기자들과 인터뷰하며 외친 말이다. 비장애인 선수에 한참 못 미치는 장애인 선수의 포상금 규정은 장애인 선수들의 사기를 꺾어 운동할 기회를 빼앗는 것과 다름없는 일이다. 세상이 허락하지 않는 기회들이 어디 이뿐이랴.

누군가의 간절함에 대한 보답으로 기적 한 번쯤 일어나 주는 판타지가 뭐 그리 나쁠까. 그러나 그런 기적이 출중한 한 개인의 신화로만 그치고 다른 이들에게 돌아가야 할 많은 기회를 차단하는 기만의 구실을 제공할 뿐이라면, 그런 기적은 더 이상 아름다운 감동이 아니다. 누군가의 특별한 기적보다 함께 누릴 새롭고 다양한 기회들에 관한 이야기가 더 필요하다.

장애가 장애되는
장애인 프로그램의 현실

어느 늦은 밤 텔레비전 채널을 옮기다가 KBS의 장애인 프로그램 〈사랑의 가족〉을 보게 됐다. 지적 발달장애를 가진 아들을 시설에 보낸 설악산 지게꾼 부부의 이야기였다. 지게꾼은 지적장애와 지체장애를 가진 아내와 함께 살며 지게로 등산객들의 짐을 운반해 주는 일로 생계를 잇는다. 부부 사이엔 지적 발달장애를 가진 아들이 하나 있는데 데리고 살 형편이 되지 않아 시설에 맡겨 놓고 아들을 그리워하며 살아간다.

어느 날 아들에게 줄 과자를 사 들고 부부가 아들을 만나러 갔는데, 카메라를 든 피디가 서른일곱 살인 아들에게 물었다. "엄마가 좋아요, 아빠가 좋아요?" 이것이 서른일곱 살의 성인 남자에게 아무렇지 않게 할 수 있는 질문인가 싶어 잠시 멍해졌다.

또, 장애를 가진 아들을 시설에 보낸 부모의 처지를 그리움과 미안함이라는 감성적인 언어로만 포장해서는 안 될 일이다. 언젠가는 아들과 함께 살 꿈을 꾸며 힘겨운 삶을 견디는 장애인 부모로 애

틋하게 그리거나, 어느 한 가정의 안타까운 사정으로만 그릴 것이 아니다. 이 가족이 그런 일을 겪지 않을 수 있도록 지역사회와 관련 단체가 어떤 일을 해야 하는지를 물어야 한다. 고작 엄마가 좋은지 아빠가 좋은지 물을 것이 아니라. 장애를 가진 한 개인이 무능력해서가 아니라 장애가 장애되도록 개인을 무력하게 만드는 사회의 문제를 묻고 되짚어 주어야 진정한 장애인 프로그램으로서의 이름값을 갖는 것이 아닐까? 보는 내내 아쉬운 마음이 일었다.

그뿐인가. 어느 날 우연히 〈사랑의 가족〉 예고편을 보니 '장애와 좌절을 딛고 희망을 노래하는' 누구누구를 소개하겠다는 내용이었다. '꿈을 그리고' '희망을 노래하고' '누군가의 무엇이 되어 주고' '장애를 이기고' '기적을 만드는'… 장애를 이겨 내려고 고군분투하는 개인들의 이야기를 한껏 힘들고 불행하게 덧칠해서 장애를 '장애되도록' 최대한 강조한 이야기들이 도처에 있다.

라디오는 좀 다를까. 〈함께하는 세상 만들기〉, 〈내일은 푸른 하늘〉 등은 KBS 3라디오의 대표적인 장애인 프로그램으로서 역사도 제법 길다. 그럼 장애인 전문 프로그램이라는 명성에 걸맞게 장애인 청취자들에게 깊이 다가가 공감을 얻고 있을까?

그 내용은 둘째치고, 가장 먼저 지적해야 할 점은 방송 접근권에 관한 문제이다. KBS는 1라디오에서 내보내던 〈내일은 푸른 하늘〉

의 재방송을 예고도 없이 중단해 버림으로써 오랫동안 1라디오를 통해 청취해 오던 시각장애인 청취자들의 많은 항의를 받은 바 있다. 또 시각장애인들이 주로 청취하던 책 읽어 주는 프로그램 역시 뚜렷한 이유 없이 폐지해 버리는 등, 방송 소외 계층을 위한 공영방송으로서의 역할을 무색케 하는 편성과 폐지 조치들을 이어 왔다. 이와 같은 문제는 TV 프로그램인 〈사랑의 가족〉도 마찬가지다. 주시청 시간대에서 한참 벗어난 목요일 오후 1시로 편성해 방영하다가, 시청자들의 지속적인 항의가 이어지자 최근엔 토요일 1시로 편성되었다.

소위 장애인 전문프로그램으로서의 색깔이 가장 잘 드러나야 하는 부분을 꼽으라면 단연 프로그램의 대문 격인 오프닝일 것이다. 오프닝과 클로징은 프로그램의 성격과 특징을 규정하는 제작진들의 견해와 의도가 담기는 가장 상징적인 부분이다. 그런데 아쉽게도 대부분은 장애인 전문프로그램으로서의 색깔이 거의 드러나지 않을 때가 많다.

어떤 날은 날씨가 너무 좋으니 산책을 해 보는 게 어떠냐는 이야기부터 또 어떤 날은 건강을 위해 물을 많이 마시라는 이야기까지… 이런 오프닝은 사실 어느 프로그램에서나 할 수 있는 이야기일 뿐만 아니라, 장애인 시청취자들에게 상대적 박탈감을 줄 수 있는 이야기이기도 하다. 활동지원이 충분치 않은 중증장애인에게 날씨가 좋으니 산책해 보라고 권하는 상상을 해 보라. 중증장애인에게 그런 얘기가 왜 슬프게 들리는지 이해하게 될 것이다. 화장실 이용이 불편해서 물을 많이 마실 수 없는 중증장애인에게 물을 많이 마시라고 권유하는 것을 상상해 보라. 먼 나라 얘기처럼 들리지 않겠는가.

시청취자들의 상황을 그 정도도 고려하지 않는 장애인 프로그램에 대해 장애인 시청취자들이 어떤 공감을 할 수 있을까. 물론 모든 사람을 일일이 고려하며 방송을 하는 것은 불가능한 일이다. 그러나 적어도 그 방송을 듣거나 보고 있을 장애인의 입장에서 한 번 더 생각해 보면 좀 다른 방향에서 이야기를 건넬 수 있을 것이다. "그 정도도 나를 고려하지 않았단 말이야?" 장애인 전문프로그램이라면 장애인 시청취자들로부터 이런 항변이 나오지 않도록 기본적인 배려는 해야 하지 않겠는가.

장애인 전문프로그램에 지속적으로 관심을 가지고 문제점을 지적해 주는 목소리가 너무나 부족하다는 것이 가장 큰 문제인지도 모른다. 그러다 보니 비장애인 입장과 시각에 맞춘 프로그램을 만들게 되고, 점점 더 장애당사자의 관점은 희미해지는 악순환이 반복되는 것 아닐까. 적어도 장애인 프로그램만큼은 장애당사자 입장에서 공감할 수 있고 장애에 대한 잘못된 인식을 바꾸는 데 힘을 보태야 하는데, 오히려 편견을 강화하고 고정관념을 고착화하는 경우가 많아 안타깝다. 장애인 프로그램이라면서 장애인을 이해하지 못하고 대상화하는 현실을 점검하고 심도 있는 논의를 펼쳐야 한다.

장애인은 결코 장애와 좌절을 극복하지 않는다. 주어진 삶을 그냥 사는 것뿐이다. 장애인은 뭐 맨날 희망을 노래하고 꿈을 그리고 써야 하나? 왜들 장애인의 삶에서 꿈과 희망을 발견하고 싶어 안달들인가?

"아, 저들은 저렇게 사는데 나는 얼마나 행복한가. 사지육신 멀쩡해서 뭔들 못 하겠나." 고작 이 정도의 값싼 자기 위안과 가짜 희망을 주자고 우리와 그들로 구분 지으며 장애인을 대상화해 얻는 감동 추구는 이제 그만하자. 장애에 대한 판에 박힌 생각들과 낡은 표현들은 과감히 걷어 내고 잘라 내는 노력과 새로운 시도를 보여주며, 장애를 장애되게 하는 모든 것들에 대해 차갑게 지적할 수 있는 더 큰 목소리가 필요한 때이다. 그 목소리, 당신이 들려주세요!

막장 드라마
전성시대

　　　　　　　매주 여러 사람이 추풍낙엽 떨어
지듯 죽어 나갔다가 거짓말처럼 살아 돌아오기를 반복한다. 예수님
도 한 번밖에 부활 못 했는데 그야말로 예수님도 울고 갈 판이다. 그
뿐인가. 한 장면 건너 한 장면꼴로 때리고 부수는 폭력이 이어지고
"죽어!", "죽여 버릴 거야!" 쏟아붓는 악다구니는 볼 때마다 미간
이 찌푸려지지 않을 수가 없다. 드라마 〈펜트하우스 3〉(김순옥 극본)
얘기다.

　자극적이면서도 선정적인 이야기 전개로 시청률 재미를 톡톡히
누렸던 드라마 〈펜트하우스〉가 전편보다 더 자극적이고 폭력적인
시즌 3으로 돌아왔다. 이미 강력한 자극을 경험했던 시청자들의
관심을 계속 붙들어야 하니, 독한 캡사이신급 폭력에 열을 올리는
중이다. 그중에도 주요 주인공 중 하나인 오윤희가 주검으로 발견
된 장면은 그야말로 엽기적이다 못해 혐오스러울 지경이었다.

　이 드라마에서 인물들이 죽음에 이르게 되는 가장 큰 이유는 바

로 더 이상 '쓸모가 없기 때문'이다. 거액의 재산을 가로채기 위해, 치명적인 비밀을 덮기 위해, 범죄를 은닉하기 위해 등등 자신의 목적을 이루는 데 별로 필요가 없어지면 쉽게 제거의 대상이 된다. 이럴 때 '사람'은 생명을 지닌 대체 불가한 존재가 아니라 제거해야 할 '대상'으로 너무도 손쉽게 전락해 버리고 만다.

'쓸모'로 인간의 가치를 쉽게 환산해 버리는 인식이 위험한 것은 장애나 약점을 가진 인간은 가장 쓸모없는 대상으로 치부될 가능성이 매우 높기 때문이다. 이런 전례를 우리는 우생학이 팽배하던 시대를 통해 보았고, 나치의 학살을 통해서 목격하였다. 나치 시대에 장애인 대량 학살을 선동했던 논리가 바로 '장애인은 세금을 축내는 쓸모없는 인간'이라는 것이었다.

과연 이 시대에는 우생학적 논리와 태도가 사라졌을까? 집값이 떨어진다는 이유로 특수학교 설립에 반대하는 생각, 위험한 정신장애인은 다 격리해서 안전한 사회를 만들어야 한다는 생각, 붐비는 출퇴근 시간에는 민폐를 끼치는 장애인은 나오지 말아야 한다는 생각. 이는 모두 '장애인은 거추장스럽고 쓸모없다'고 여기는 인식에서 기인한다. 나치 시대에 그랬듯 지금도 장애인을 세금 먹는 하마쯤으로 여기는 이들이 존재한다.

또 고도로 발달한 과학기술로 산전 검사를 통해 장애가 있는 아이는 지워 버리고 우월한 인자만으로 장애 없는 태아를 출산할 수 있게 만들 수 있다는 인식 역시 우생학적 사고에 뿌리를 두고 있다. "왜 태어났니?"… '장애'를 쉽게 제거할 수 있다고 믿는 우월한 인간들은 장애를 가지고 태어난 아이들을 향해 너무도 당당하고 자연스럽게 이렇게 물을 수 있는 것이다.

고작 드라마일 뿐인데 너무 비약적으로 우려하는 것 아니냐고 혹자는 꼬집을 수 있겠다. 그러나 폭력적이고 선정적인 미디어나 게임의 노출이 얼마나 악영향을 미칠 수 있는가에 대해서는 이미 많은 연구들이 증명했다. 또 장애인에 대한 괴롭힘과 폭력 범죄가 막장 드라마 이상으로 얼마나 잔인하고도 빈번하게 일어나고 있는지 요즘 뉴스를 통해 피부로 느끼고 있지 않은가.

비단 죽이고 때리고 부수는 것만이 폭력은 아니다. 또 다른 막장 드라마 〈결혼 작사 이혼 작곡〉(임성한 극본)에서는 편향된 논리와 잘못된 인식으로 폭력 못지않은 불쾌함을 자아내는 대사들이 난무한다. "여자는 말이야", "남자들은 말이야" 식의 성 고정관념을 강화하는 대사들이 넘쳐 나는 것은 물론, "B형 남자들은" 식의 혈액형에 대한 편견적이고 시대착오적인 대사들로 가득하다.

이는 그저 한 작가의 시대착오적 인식으로만 끝나는 문제가 아니다. 우리는 이미 너무 거대한 미디어의 영향력 안에 살고 있기 때문이다. 편향된 시각으로 어떤 대상을 쉽게 일반화하거나, 잘못된 고정관념을 비판 없이 강화하는 폐쇄적인 태도는 우리 사회의 다양한 존재들에 대한 올바른 인식과 소통을 방해한다. 어떤 존재에 대한 몰이해나 편견은 그 대상을 '쓸모없는' 존재로 낙인찍기 쉽다. 그러므로 한 존재에 대한 단편적이고 납작한 규정이 난무하는 드라마는 그 자체로 이미 폭력적이다.

그렇게 나쁘면 막장 드라마 안 보면 되잖아? 그러게 말이다! 그런데 시청률을 올려 주는 많은 시청자들에겐 그게 쉽지 않은 모양이다. 나쁜 줄 알면서도 먹는 불량식품처럼 그 자극이 주는 재미가 꽤 중독적이기 때문이다. 불량식품은 그것을 먹는 소비자가 아니라 만들어 유통하는 공급자가 문제이듯, 불량 미디어도 마찬가지다. 불량 미디어의 자극을 충성스럽게 소비해 주는 중독된 시청자를 탓하는 것은 별로 의미도 없고 해결책도 안 된다. 불량 미디어를 양산하는 공급자를 더욱 효율적으로 제재하는 방안에 대하여 활발한 논의가 필요하다.

마녀의 거울을
깨뜨릴 때

동화 〈백설공주〉에 등장하는 마녀의 거울은 세상에서 누가 제일 예쁘냐고 묻는 마녀에게 야속하게도 매번 마녀가 아니라 백설공주라고 답한다. 마녀의 얼굴을 비추는 동안엔 웬만하면 마녀가 제일 예쁘다고 말해 주면 좋으련만, 거울은 눈치도 없이 진실을 말한다는 명목으로 마녀의 자존감을 무너뜨리고 모멸감을 주는 돌직구를 참 무감하게도 던진다. 마녀의 비극은 거기서부터가 아니었을까.

〈장애 정체성 개념화 연구〉(이익섭·신은경, 2005)에서는 장애인에게 있어 '장애 정체성'이란 "자기 자신을 바라보는 자아상, 혹은 장애인이라는 집단을 바라보는 의식 수준을 알 수 있는 지표가 되기도 하며, 사회적으로는 장애인에 대한 사회 통합의 사회적 수준을 가늠해 볼 수 있는 것"이라고 하였다. 이 정의에 의하면 장애 정체성이란 어쩌면 세상이라는 거울이 장애에 대해 답하는 대답의 총체인지도 모른다. 특히 미디어는 그동안 장애를 둘러싼 냉혹한 현실을 무감하게 비춰 온 가장 지독한 거울 중 하나다. '미디어'라는 거대한 거울은 그동안 장애인의 사랑을 어떻게 비추었을까?

아주 어릴 적 봤던 〈불행한 여자의 행복〉이란 영화에 대한 기억이 있다. 사고로 장애를 입은 여주인공이 휠체어에 앉아 너무도 슬픈 얼굴로 남편을 밀어내고 있었다. 이 몸으로는 아기를 낳아 줄 수도 없고, 아내로서 아무것도 해 줄 수 없다면서. 어린 맘에 나도 이다음에 커서 사랑하는 사람이 생기면 저렇게 일부러 나쁘게 굴면서 밀어내야 하나 보다 생각했었다. 〈그대 앞에 다시 서리라〉라는 영화에서도 병으로 한쪽 다리를 잃은 주인공이 자기는 아내로서 자격이 없다며 모질게 남편을 밀어내는 모습이 나왔는데, 헌신적인 남편인데도 구박을 당하는 모습이 어린 내 눈에도 안돼 보였다. 그런데도 끝내 여자의 곁을 지키는 남자의 모습은 그래서 더 멋져 보였다.

책이라고 달랐을까. 한때 서점가를 뜨겁게 달구었던 베스트셀러인 김윤희 작가의 〈잃어버린 너〉는 영화로까지 제작되면서 큰 화제를 모았다. 이 소설은 주인공 엄충식이 사고로 장애를 입자, 자신에게서 연인을 떠나보내기 위해 죽은 것으로 위장해 숨어 사는 모습을 마치 순애보처럼 그렸다. 이런 설정은 멜로영화의 고전이라 불리는 〈클래식〉에서도 볼 수 있다. 준하는 전쟁에 나갔다 폭격으로 실명하게 되는데, 이 사실을 연인에게 끝내 감추고 싶어 한다. 그래서 약속 장소에 미리 나가 예행연습까지 해 가며 보이는 척 연기를 하고, 이 모습이 관객들의 눈물샘을 자극했다.

장애를 가진 주인공에게 사랑이 마치 시혜처럼, 천사들의 은혜처럼 주어지는 경우가 많다. 영화 〈오아시스〉에서 종두의 사랑을 받아들이는 공주의 모습이 그렇다. 초반에 종두가 공주에게 성폭행을 시도했음에도 불구하고, 공주는 종두의 사랑을 자연스럽게 받아들인다. 이에 많은 장애 여성들이 공분했고 그녀의 사랑을 공감하지 못했다. 경찰이 저런 여자한테 성욕이 느껴지냐며 종두를 변태 강간범 취급했을 때 공주에 대한 종두의 사랑은 더 특별한 것이 되었고, 종두는 장애인에게 사랑을 베풀어 주는 착한 비장애인 남성으로 이미지화되었다.

종두와 공주에게서 느낀 노여움과 안타까움을 영화 〈조제, 호랑이 그리고 물고기들〉을 통해 어느 정도 해소할 수 있었던 건 무척 다행이었다. 물론 조제와 츠네오의 사랑이 어쩔 수 없는 사회적 한계를 넘어서지 못한 것은 아쉽지만, 두 사람은 서로를 통해 성장했으며 충분히 아름다웠다. 특히 '장애'에 갇히지 않고 당당하고 적극적이고 그녀만의 특별한 에너지를 발산했던 조제는 관객에게 오랫동안 잊히지 않을 만큼 매력적인 캐릭터다.

이 영화는 한국에서 리메이크하여 〈조제〉라는 제목으로 개봉했다. 그러나 안타깝게도 2004년의 멋진 조제를 2020년의 새로운 조제가 결코 따라갈 수 없었다. 원작에서 매우 중요한 은유였던 '호랑이와 물고기들'을 희미하게 다 지우고 조제만을 내세웠지만, 새로운 조제는 원작보다 더 매력적이지도 독특하지도 않았다. 밝고 빛나는 색감을 무채색으로 톤다운시킨 느낌이랄까. "네가 떠나면 사람들한테 다 말해 버릴 거야. 몸도 성치 않은 나를 범했다고…." 사랑을 나눈 후에 조제가 영석에게 했던 이 대사는 듣기 참담할 지경이었다. 이 대사 하나만으로도 마치 종두가 공주를 범하려 했던 그때로 시간이 되돌아간 듯한 착각이 들 정도였다.

계절이나 배경 등 영상은 화려하고 아름다웠으나 '장애'를 다루는 방식은 2004년의 원작에 미치지 못했다. 독특한 매력의 조제에게 끌리던 츠네오의 설렘은 영석에게로 와서는 동정과 연민이 되었고, 호기심과 독특한 상상력으로 가득했던 조제의 생기발랄한 모습은 현실도피적인 망상을 지닌 음울한 장애인의 모습이 되었다. 2004년의 조제보다 더 좋은 휠체어를 사용하고 시대에 맞게 스스로 차를 운전하지만, 2020년의 조제는 이 시대에 비추어 볼 장애인의 자화상은 될 수 없어 보인다.

아침 드라마에서는 휠체어를 탄 안주인을 두고 '여자구실'은 제대로 하겠냐며 가사도우미가 뒷소리를 하고, 장애를 가진 사람은 행복한 가정을 이루기 어려우며 남편이나 아내 역할도 제대로 해내지 못할 것이라는 편견을 오롯이 담고도 로맨틱함으로 포장되는 영화와 드라마가 아직 많은 것이 현실이다. 이런 편견 가득한 왜곡된 거울을 바라보면서 장애를 가진 사람이 과연 자신을 제대로 인식할 수 있을까? 마녀가 거울의 대답에서 자유로울 수 없었던 것처럼 말이다.

장애인의 온전한 자아상, 긍정적인 장애 정체성은 개인의 노력만으로 만들 수 있는 것이 아니다. 그것은 통합적인 환경과 의식 수준, 모든 관계와 시스템의 조화로운 상호작용을 통해 오랜 시간 축적되고 체화된 총체적인 사고와 경험의 결과이다. 그게 무엇이든 그것을 제대로 비추지 않는 왜곡된 거울이라면 차라리 깨뜨려야 한다. 이제는 새로운 거울이 필요하다.

2 거울
깨뜨리기

너의 목소리를
보여 줘

초등학교 4학년 때부터 삼총사
가 된 친구들이 있었다. 한 친구는 나를 업고 또 한 친구는 '가방 들
어 주는' 친구로 우린 완벽한 조합이었다. 한 친구가 나를 업으면
나머지 한 친구는 나와 나를 업은 친구의 가방에 자기 가방까지, 세
개의 가방을 들고 늘 하굣길을 함께했다.

학교에서 돌아와 저녁을 먹기 전까지, 아니 어떤 때는 저녁을 먹
고도 한참 늦은 밤까지 잔뜩 책을 펼쳐 놓고 그날의 숙제를 함께하
곤 했는데 말이 숙제지 글자 한두 줄 쓰고 수다 열 마디 하면서 보
내는 시간들이 대부분이었다.

그때 우리에게는 매일매일 치러야 하는 숙제만큼이나 중요한 의
식이 있었으니, 가방 들어 주는 그 친구의 노래를 들어야 하는 치명
적인 의식이 바로 그것이었다. 지독히도 음치였던 그 애의 노래는
말이 노래지, 사실 그게 노래인지조차도 잘 구별이 되지 않는 아주
기괴한 소리에 가까웠다. 그 시절 〈누가 누가 잘하나〉라는 어린이

동요 경연 프로그램이 있었는데, 그 친구의 간절한 바람이 바로 거기에 나가는 것. 그 예선에 출전하기 위해 친구는 날마다 우리를 앞에 앉혀 두고 예의 그 기괴한 소리를 들려주며 세심한 심사평을 반강제로 종용하곤 했다.

하루도 거르지 않는 그 의식은 우리에겐 정말이지 괴로움 그 자체였다. 제목만 달랐지 우리 귀엔 다 똑같이 들리는 노래를 친구는 어쩌면 그리도 매번 다르게 심취해 부를 수 있는지 새삼 놀랍기도 하거니와, 똑같은 노래 중 한 곡을 선곡해야 하는 압박감은 늘 우리를 난감하게 했다. 음정, 박자 어느 것 하나도 들어맞지 않는 노래를 반복해 들어야만 하는 일은 꽤나 큰 인내심을 필요로 하는 일이어서, 지금 내게 인내심이라는 게 있다면 그건 다 그때 그 친구의 노래를 들으며 길러진 것이라 해도 과언이 아니다.

한 종편채널의 쇼 오락 프로그램인 〈너의 목소리가 보여〉(이하 〈너목보〉)는 노래 실력자와 음치가 함께 출연해 판정단들에게 음치와 실력자를 알아맞히도록 하는 형식의 프로그램이다. 판정단 선택이 끝날 때까지 출연자들의 목소리를 직접 들려주지 않고, 노래하는 모습도 립싱크로만 보여 준다. 또 출연자마다 실력자일 경우와 음치일 경우의 이름과 직업도 다 다르게 설정돼 있어서 판정단은 오로지 '보이는' 모습으로만 그가 실력자인지 음치인지를 가려

내야 한다. 벌써 시즌 9까지 이어지며 방송되고 있는 장수 프로그램이다.

처음 이 프로그램을 봤을 때 내 음치 친구와 함께한 괴로웠던(?) 어린 시절이 생각나서 한참을 웃었다. 사뭇 진지한 표정으로 돌고래 옹알이처럼 노래하는 음치들을 보고 있자면 음정, 박자 아랑곳하지 않는 그 자유로움과 노래에 대한 열정이 새로운 매력으로 다가오기도 한다. 음치였던 내 친구도 그렇게 매력적인 친구였구나 돌이켜 보게 된다.

〈너목보〉의 최고 장점은 노래 잘하는 사람만 조명받지 않는다는 데 있다. 노래를 못하는 지독한 '음치'도 노래 잘하는 실력자들과 나란히 자신의 매력을 발산하고, 노래를 못하고도 충분히 뜨거운 환호와 박수를 받는다. 누가 실력자이고 누가 음치인지 판정단과 시청자들을 속이기 위해 동원하는 제작진들의 온갖 교묘한 속임수는 매번 실패하지 않고 잘 통한다. 결국 '보이는 것'에 속아 넘어갔다는 것을 아는 순간 매번 깨닫게 되는 것은 '보이는 것'에 집중하느라 우리가 얼마나 많은 것들을 무심히 놓쳐 버리는가 하는 것이다. '선입견 깨뜨리기'. 자신도 모르게 도사리고 있던 부정적인 감정을 지적당하는 일이지만 시청자는 그것을 기분 좋게 긍정적인 경험으로 받아들이게 된다.

'장애를 가진 사람들'에 대한 대부분의 생각은 어떨까? 소위 '정상성'에서 벗어난 '비정상'의 몸을 가진 사람들. 그래서 이상하고, 힘들고, 도와줘야 하는, 불쌍한 사람들…. 이런 선입견과 편견에 갇혀 있는 것이 바로 장애를 가진 사람들의 어쩔 수 없는 현실이다. '보이는' 모습만 보면 그렇게 보일지 모르고, 그렇게 보이는 대로 인식하고 믿는 사람들이 보여 주고 만들어 내는 모습은 그래서 더 왜곡될지 모른다.

 그런데 만약, 음치는 창피한 것이고 예전의 내가 그랬듯 음치의 노래는 듣기 괴로운 것이라고만 여기는 사람들에게 '음치도 매력적일 수 있다'고 생각하게 만드는 이런 방송처럼 장애인도 친근하고 매력적으로 느껴지게 만드는 방송이 있다면 어떨까?

 '국내 최초 배리어프리 토크쇼'를 표방하며 야심 차게 출발했던 EBS의 〈별일 없이 산다〉는 장애인과 비장애인이 함께 출연해 다양한 주제의 일상 이야기들을 풀어내는 토크 프로그램이었다. 별일 없이 사는 서로의 평범한 일상을 통해 장애인과 비장애인이 '더불어 사는' 세상을 지향해 보자는 의도겠는데, 기대만큼 주목받지 못하고 말 그대로 별일 없이 끝나 버렸다.

 이 프로그램에 대해 양안선 피디는 〈미디어비평〉에서 "사람은 생각의 기본 틀, 곧 '프레임'에 따라 인식한다. 기존 프레임을 부정할수록 프레임은 더욱 강력해진다. 프레임을 바꾸려면 세상을 바라보는 새로운 관점, 즉 새로운 프레임이 등장해야 한다"는 조지 레이코프의 말을 인용하며, '장애'라는 프레임을 잊어버리자면서도 오히려 '장애' 프레임에 갇혀 버린 모순을 지적했다. 그러면서 장애에 특별함을 부여하지 않는 프로그램이 되려면 '배리어프리 토크쇼'라는 간판을 내걸지 말고 '배리어프리'가 아닌 토크쇼에 장애를 가진 출연자가 나오는 방식이 적합하다고도 덧붙였다.

이 지적처럼 '배리어프리'라든가 '장애와 비장애가 더불어 함께'와 같이 인식을 고정시키는 '착한' 슬로건을 과감히 떼어 버렸더라면 오히려 '장애'가 특별하지 않은 자유롭고 유연한 프로그램이 됐을지 모른다. 〈너목보〉가 굳이 '음치와 함께하는'이란 말을 내세우거나 음치를 특별하게 부각하지 않으면서도 자연스럽게 음치를 재해석하도록 기여한 것처럼 말이다.

김원영은 그의 저서 〈실격당한 자들을 위한 변론〉에서 사진과 초상화를 예로 들며 장애가 매력으로 인식될 수 있는 가능성과 조건을 설명했다. '사진'은 하나의 순간을 드러내고 그 순간 개인의 모습이 어떠한지를 보여 주지만, '초상화'는 긴 시간에 걸쳐 한 사람의 모습을 담는다는 것이다. 그래서 그는 콩깍지란 "오랜 시간 섬세하게 분별한 그 사람의 미적 요소들이 완전하게 통합된, 그 사

85

람의 초상화가 주는 아름다움"이라고 했다. 다시 말해, 장애인을 한 컷의 사진처럼 단편적인 모습으로만 보면 휠체어에 앉은 구부정한 모습의 불쌍한 장애인에 불과할 수 있지만, 오랜 시간 함께하며 상호작용을 통해 바라보면 휠체어에 앉아 있는 그 구부정함이 아름다운 곡선으로 보일 수 있다는 말이다.

정치인의 선거 홍보용으로 벌거벗긴 채 목욕을 당하는 장애인, 침받이를 두르고 떠먹여 주는 밥을 받아먹는 장애인, 짐처럼 업혀서 계단을 오르는 장애인…. 이런 한 컷의 사진으로만 기억되는 느낌을 상상해 보면 그 단편적인 모습들이 우리에게 어떤 인식을 남기는지 쉽게 이해할 수 있을 것이다.

〈너목보〉가 음치를 '노래를 못 부르는 사람'이 아니라 노래를 못해도, 오히려 노래를 못해서 더 매력적으로 보이게 하는 이유는 무엇일까? 그것은 음치를 '사진'처럼 보여 주는 것이 아니라 '초상화'로 보이도록 하기 때문은 아닐까? 음치와 실력자를 구분하지 않고 각자가 가진 매력과 개인이 가진 독특한 스토리를 먼저 충분히 보여 주고 시청자들이 한껏 그들에게 흥미와 매력을 느끼도록 한 후에야 노래 실력을 공개함으로써, 이미 그를 그 자체로 인식한 시청자들에겐 그가 실력자든 음치든 아무 상관이 없어지는 것이다.

장애가 있든 없든 그가 특별해 보이지 않고 친근하고 매력 있는 존재로 느껴지게 하려면 학교에서 직장에서 거리에서 TV에서 영화에서, 어디에서든 많이 보고 만나는 일상이 쌓여야 한다. 그래야만 '장애'만 부각된 스냅사진이 아니라 세밀한 아름다움의 통합체로서의 초상화로 장애인을 만날 수 있다. 〈너목보〉가 보여 주듯 우리가 겉으로 '보이는 것'에만 속지 않고 제대로 된 진면목을 인식하려면 겉으로 드러난 목소리 너머 진짜 모습을 볼 수 있어야 한다. 아니, 보아야 한다. 음치 말고 '장애'에 대해서도 선입견을 깨뜨리는 문화적 시도들이 많아지면 좋겠다.

엄마의
성장통

여섯 살 지후의 세상은 완벽했다. 친구처럼 놀아 주는 아빠, 종달새 같은 딸의 재잘거림에 언제나 귀 기울이는 엄마. 충만하고 따뜻한 가족의 사랑에 둘러싸여 모든 것이 즐겁고 행복한 세상이었다. 그 세상에 금이 가기 시작하기 전까지는. 딸의 까치발이 그저 가벼운 습관인 줄 알고 대수롭지 않게 여기다가, 장애일지도 모른다는 의사의 진단을 받은 후부터 세상 당차고 쾌활하던 엄마는 두려움에 사로잡히기 시작하는데⋯. 영화 〈까치발〉의 이야기다.

〈까치발〉은 장애를 갖게 될지도 모를 딸과 가족의 이야기를 엄마의 시선으로 절제되고 균형 있게 카메라에 담아낸 다큐멘터리 영화다. 감독은 영화 속 이야기의 당사자인 권우정 감독. 그녀는 〈땅의 여자〉를 비롯한 다섯 편의 영화를 연출해 호평을 받은 바 있는 중견 감독이기도 하다. 전작들에서 주로 농촌의 이야기를 담았던 권 감독은 이 영화에서는 딸 지후를 통해 새로운 세상을 만나는 엄마의 성장통을 담았다.

시작은 사랑스러운 딸의 모습을 단 한순간도 놓치지 않으려는 엄마의 마음에서 비롯했을 것이었다. 그러나 딸이 장애 진단을 받은 뒤로 딸을 바라보는 엄마의 시선이 흔들리기 시작한다. 늘 그려 오던 딸의 그림 하나하나, 글씨 하나하나에도 의사의 진단을 떠올리며 예민해지고, 엄마의 지시를 채 따라 하지 못하는 딸에게 버럭 화를 내기도 한다. 그뿐인가. 자신의 두려움을 공감하지 못하는 남편과 카메라 앞에서 심하게 다투기까지 한다. 마냥 견고할 것만 같던 그녀의 세상에 균열이 시작된 것이다.

그러나 그녀는 두려움과 균열이 자신의 세상을 잠식해 가도록 보고만 있지 않는다. 장애가 있는 아이를 둔 부모들을 만나고 장애 당사자들을 만나 그들이 겪어 낸 이야기들을 들으면서 그녀의 방법으로 자신의 문제를 직면한다. 그렇게 만난 사람들의 인터뷰가 이 영화에 담겼다.

인터뷰한 엄마들 대부분은 아이가 장애가 있다는 사실을 알게 됐을 때 죄책감에 시달렸다. 임신 중 뭔가를 잘못 먹어서, 혹은 자신이 무슨 잘못을 저질러서 아이에게 장애가 생긴 것은 아닐까, 하다못해 임신 중에 콜라를 마셨던 사소한 기억까지 엄마에게 죄책감으로 남기도 한다.

지금껏 여성들은 건강한 출산을 위해 얼마나 많은 절제와 제약을 강요받아 왔던가. 그러다 아이에게 문제라도 생기면 모든 책임은 엄마에게 전가된다. 누가 뭐라고 하지 않아도 아이의 장애로 가장 힘들 사람은 엄마다. 그런 엄마에게 위로를 보태도 힘겨울 판에 죄책감까지 더하는 사회라니!

내 장애에 대해서도 사람들은 모두 엄마 탓을 했다. 백신을 미처 맞기 전에 소아마비를 앓아 장애가 생겼다는 얘기를 듣고 나면 하나같이 "엄마가 잘못했네!" 탄식을 했다. 사람들이 그렇게 입을 모으지 않아도 엄마는 영화 속 엄마들처럼 자신이 했던 온갖 먼지 같은 잘못들을 끄집어내 자책의 땔감으로 삼았을 텐데 말이다.

"제가 정상인이 아니라는 걸 늘 엄마가 상기시켜 주시네요!"

영화 〈마마적신기소자〉에서 주인공 소화위는 엄마에게 이렇게 외친다. 세상이 말하는 '정상성'이라는 기준에 미치지 못하는 아들이 사람 구실을 해내는 모습을 세상에 보여 주기 위해 소화위의 엄마는 끊임없이 아들이 기준 미달이라는 사실을 각성시키고 채근한다. 아들이 고백도 못 해 보고 첫사랑을 놓쳐 버릴까 봐 엄마가 먼저 나서서 고백해 버리기도 하고, 이웃이 선의로 내미는 콜라 한 병조차도 동정일까 봐 받지 못한다. 그런 엄마에게 자랑스러운 아들로 인정받기 위해 소화위는 달리고 또 달린다. 소화위에게 가장 무서운 것은 세상의 눈이 아니라 바로 엄마의 눈이었다.

어디 소화위뿐이랴. 장애인에게 세상이 장애를 얼마나 삐딱하게 바라보는지, 얼마나 야박하게 존재의 값을 매기는지 끊임없이 상기시켜 주는 존재는 바로 가족이다. 가족은 가족의 눈으로만 장애를 보지 않는다. 걱정한다는 이유로, 사랑이라는 이름으로, 위한다는 명목으로… 끊임없이 세상의 시선과 잣대로 장애를 바라본다.

"걷지도 못하는데 공부까지 못해 봐라!" 초중고 12년 동안 학교에 나를 업고 다니시던 엄마는 등 뒤에 업힌 내게 늘 그렇게 말씀하셨다. 만나는 어른마다 다들 약속이나 한 듯 똑같이 말했다. "엄마가 그렇게 힘들게 업고 다니는데 네가 공부를 잘해야지!"

그뿐인가. 나는 못 걷는 아이가 아니라 안 걷는 아이 취급을 받았다. 운동하면 힘이 생겨서 분명히 잘 걸을 수 있을 텐데, 어른들 생각에 나는 늘 게을러서 운동하지 않는 게으름뱅이였다. 어른들에게 혼나지 않기 위해 나는 되지도 않는 걸음마 연습을 하느라 헛되게 애를 써야만 했다.

나는 그렇게 있는 그대로 충분한 아이가 아니었다. 못 걸어도 괜찮은 게 아니라, 못 걸으니까 다른 것이라도 잘 해내야 나의 쓸모를 인정받을 수 있는 존재였다. 그래서 늘 무언가를 잘 해내지 못할까 봐 불안했고, 잘 해내지 못하면 좌절했다. 잘하는 게 별로 없는 평범한 아이여서 좌절하는 시간이 더 많을 수밖에 없었고, 나조차도 있는 그대로의 나를 사랑할 수도 만족할 수도 없었다.

영화 속에서 지후 엄마가 장애에 대한 두려움에 사로잡혀 딸에게 까치발을 지적하기 시작했을 때, 나는 지후에게서 어린 나를 보았다. 지후는 서서히 위축되어 가고 엄마의 눈치를 보기 시작한다. 자기가 또 틀릴까 봐, 엄마가 자기를 미워하게 될까 봐 어린 지후는 특유의 생기를 잃어버리고 점점 어두워져 간다.

그러나 어린 지후의 좌절을 금방 알아차리고 세상의 시선이 아닌 엄마의 시선으로 과감히 시선을 전환하기로 한 그 엄마의 선택은 얼마나 현명한가. 까치발이 문제가 아니라 이미 완벽한 자신의 세계를 잃어버리는 것, 존재 자체의 기쁨을 잃어버리는 것이 훨씬 더 슬픈 일이다. 오로지 정상성과 효용성만으로 가치를 매기는 세상의 눈으로는 아이 안에 숨은 반짝임을 발견할 수 없다. 아이가 만나는 첫 번째 세상은 가족이다. 존재 그 자체로 첫 번째 세상에서 충분히 인정받고 사랑받지 못하면 아이는 더 큰 세상을 향해 과감히 문을 열고 나서지 못한다.

영화 속 인터뷰이 김지수 씨가 눈물 글썽이며 엄마에게 듣고 싶었다던 그 말, "괜찮아". 그 한마디를 듣기 위해, 그 한마디를 스스로에게 할 수 있기 위해 우린 얼마나 힘겨워야 했는가. 참 길고 고

된 시간이었다.

엄마가 모진 성장통을 겪으며 열어 낸 지후의 세상이 앞으로도 더 완벽하게 아름답기를 기대한다.

세상 끝
가족을 만나다

시청자의 고민을 상담해 주는 한 프로그램을 보다가 날씨도 더운데 후끈 열이 올랐다. 눈물로 호소하는 한 어머니의 고민이란 것이 고작 (당사자는 심각한데 제3자인 내가 이렇게 표현하긴 좀 미안하지만) 아들의 긴 머리 때문이란다. 다정다감하고 효자이고 모든 면에서 대견한 아들인데, 유독 긴 머리를 고집해서 너무나 힘이 든단다. 긴 머리를 한 아들의 뒷모습을 보고 여자냐고 쑤군대는 사람들을 보는 것도 힘들고 이상한 사람 아니냐, 게이냐, 맘대로 상상하는 사람들의 곱잖은 시선도 너무나 신경이 쓰인단다. 그런 아들이 창피해서 다른 사람들에게 아들이 아니라고 거짓말까지 한단다.

남자는 파랑 여자는 분홍, 이런 식의 고리타분한 성 고정관념이 무너지고 있는 요즘에도 아들의 긴 머리를 그렇게나 부끄럽게 여기는 엄마가 있다니 놀랍다. 무슨 범죄를 저지른 것도 아니고 머리카락이 긴 것뿐인데 아들이 창피하다고 서슴없이 얘기하는 그 엄마를 보면서, 집에 손님이 올 때마다 엄마에게 떠밀려 방 한구석에 숨어 있었다던 장애인 친구가 떠올랐다. 머리카락 길이의 '다름'에도 그렇게 반응하는데, 혹여 아들이 장애라도 입었다면 어떻게 받아들일까.

제목은 기억나지 않는데 이런 장면으로 기억되는 영화가 있다. 아들이 전쟁에 참전했다가 폭격에 다리를 잃고 귀향하게 된다. 그런데 가족과 만나기 전 엄마가 장애인을 경멸하는 모습을 보게 되고, 아들은 엄마 앞에 나타나지 못한 채 자살을 하고 만다. 장애라는 정체성을 수용하고 체화하는 데 가족이란 바로 이런 존재다. 아들의 긴 머리를 너무도 한심스럽게 바라보며 눈물까지 흘리는 엄마는 아들이 창피하다는 말에 상처 입었을 아들의 마음을 헤아리기는 할까. 오히려 내가 더 안타까워하다가 자연스레 영화 〈어느 가족〉이 오버랩되었다.

고레에다 히로카즈 감독은 〈바닷마을 다이어리〉, 〈그렇게 아버지가 된다〉 같은 영화로 줄곧 가족의 의미를 물어 왔다. 〈바닷마을 다이어리〉는 이복 자매들 간의 이야기이며, 〈그렇게 아버지가 된다〉는 산부인과 병원에서 아이가 바뀐 두 가족을 통해 피와 유전자를 넘어선 진짜 가족의 의미를 물었다. 〈어느 가족〉은 상처 입은 사람들이 묻는 가족의 의미다.

이상하리만치 '왜'냐고 묻지 않는 영화. 이 영화에 대한 나의 한 줄 평이다. 무슨 이유인지 알 수 없지만 가족에게 버려진 아이 쇼타, 가정 폭력과 학대에 시달리던 유리, 그리고 무엇 때문인지 집을 나와 할아버지의 전처였던 할머니와 함께 살며 유사 성행위 업소에서 일하는 아키, 그리고 이 가족의 엄마 역할을 하는 노부요와 아빠 역할의 오사무. 이들이 각자의 상처를 안고 함께 사는데, 상처에 대한 묘사는 아주 흐릿하고 여백이 많아서 관객은 짐작할 뿐 자세히 볼 수 없다. 상처로 연결된 이 가족들은 전남편에게 버림받았던 할머니의 아픔을, 가족에게 버려지고 학대받은 아이들의 아픔을 꼬치꼬치 묻고 묘사하지 않으며 대신 가만히 품고 웃게 한다.

　영화는 자세히 말하지 않지만 유사 성행위 업소에 다니는 아키와 서로의 상처를 나누는 일명 '4번 남자'를 통해 노부요와 오사무의 만남을 가늠할 수 있다. 아이들에게 보이는 노부요의 말과 행동에서 그녀가 가진 상처가 짐작되며 관객은 충분히 아프게 공감할 수 있다. 노부요는 자신을 학대하던 전남편을 살해하고(아마 정당방위였을 것이다) 오사무와 함께 범죄를 감춘 것으로 추정된다. 오사무의 아픔 역시 드러나지 않지만 버려진 아이 쇼타에게 자신의 이름을 붙여 준 점으로 미루어 보아 그의 어린 시절도 쇼타와 같았음을 짐작할 수 있다.

96

왜? 너는 왜 그렇게 사는데? 왜 그러는데? 영화 속 그 누구도 서로를 향해 그렇게 묻지 않는다. 그저 덧나지 않게 품고 덮어서 넉넉히 상처가 아물 수 있도록 서로를 돌보고 지켜볼 뿐이다. 상처는 기어이 남는 것이므로 아물기를 기다린다는 것은 적절치 않은지도 모르겠다. 그냥 무한히 보듬어 주는 것이다. 가족이란 그런 것이다.

가끔 어떤 사람에게서 그의 가족을 짐작하게 될 때가 있다. 무한한 자존감을 가진 어떤 이의 뒷배에도, 매사 기승전-열등감으로 귀결되는 어떤 이의 움츠린 어깨 뒤에도 가족이 있었다. 특히 장애라는 특별한 상황이 가족과의 복잡한 상호작용으로 얽힐 때 장애는 누군가의 걸림돌이 되기도 하고 누군가의 디딤돌이 되기도 한다.

장애를 지독한 인생의 걸림돌로 여기고 그것 때문에 불행하고 부끄럽다고 여기는 사람에게서 나는 헐겁고 무방비한 채로 연결된 그의 가족을 보곤 했다. 생각해 보라. 장애가 남사스러워서 집에 손님이 올 때마다 자식을 골방에 밀어 넣었던 가족에게서 그가 장애에 대해 어떤 생각들을 쌓아 왔을지를. 그는 늘 움츠리고 있었고 어떤 일에도 자신감 있게 나서지 못했으며, 스스로를 믿지 못해 매 순간 주춤거렸다. 이것은 비단 그만의 이야기가 아닐 것이다.

장애로 인해 평생 아버지로부터 폭언과 폭행을 겪었던 어떤 이는 아버지가 아닌 자신의 장애를 원망하며 살았다. 세상에 나가면 모든 이들이 자신의 장애를 아버지의 시선으로 보는 것 같아서 움츠러들었다고 했다. 그런 이들에게 가족은 무엇이었을까?

영화 〈어느 가족〉에서 온 가족이 함께 둘러앉아 어디선가 들려오는 불꽃놀이 소리를 듣는 장면이 나온다. 가족이 다 함께 지붕 위 어딘가를 올려다보지만 정작 그들에겐 불꽃이 보이지 않는다. 그저 요란한 폭죽 소리만 들려올 뿐. 그런데도 이 가족은 마치 화려한 불꽃을 보고 있는 양 행복한 함성을 지르며 불꽃놀이를 만끽한다. 설령 아무것도 없을지라도 함께 있다는 그 자체만으로도 충만함을 누릴 수 있는 가족의 모습이 마치 커다란 환상 같았다.

너무 과하다 싶을 만큼 빵빵하게 질소 포장된 과자봉지처럼 가족이란 모름지기 그래야 하는 거라고 믿는다. 수많은 유통 단계를 거치는 동안 과자가 부서지지 않도록 보호하기 위해 가득히 충전한 질소처럼 가족도 무한한 지지와 사랑과 신뢰로 그렇게 서로를 빵빵하게 감싸고 있어야 하는 것이라고. 그래야 적어도 이 무시무시한 세상에서 부서지지 않고 버텨 낼 수 있지 않겠는가.

"너 평생 이렇게 휠체어에서 살래? 그럼 엄마는 죽는 거야!" 어떤 다큐 프로그램에서 운동하다 척추를 다쳐 장애를 입은 한 청소년에게 던진 엄마의 말이다. 그 엄마는 매일같이 무리한 재활 훈련을 강요하며 아들이 훈련을 게을리할 때마다 이렇게 협박했다. 그러고는 한없이 슬픈 얼굴로 얼마나 간절히 아들이 일어나길 바라는지 푸념을 늘어놓았다. 여러 가지 이유로 장애 발생률이 점점 증가하고 있는 요즘, 한 가정에서 장애가 발생할 때 의료적 치료 이외에 무엇이 더 제공되어야 하는지를 심각하게 되묻게 한 장면이다. 가족이 '장애'라는 상황을 맞닥뜨렸을 때 어떻게 받아들이고, 어떻게 장애를 이해해야 하는지 등 긍정적인 인식을 제시하는 프로그램이 어쩌면 치료보다 시급한 건 아닐까 생각했었다.

장애가 그저 '다름'의 한 방식이 되려면 사회보다 먼저 만나고 가장 많은 순간을 함께하는 가족이 우선 달라져야 한다. 가족은 세상 끝에서 가장 먼저 붙잡을 수 있는 최후의 보루이며 가장 안전한 질소 포장이 되어야 한다.

세상의 끝 까마득한 어둠 속에서도, 서정주의 시 한 구절처럼 "우리 어린것들에게 제일 가까운 곳의 별을 가리켜 보일 일이요, 제일 오래인 종소리를 들릴" 존재가 제일 먼저 가족이어야 하지 않을까. 장애인에겐 더더욱 그런 가족이 필요할 터이다. 장애인 가정에 대한 다각적인 실태 조사와 필요한 프로그램 지원 대책은 어느 만큼 왔을까.

모멸감에
대하여

비정규직 철폐를 외치며 지상 35미터 철탑에서 고공 투쟁을 벌이는 부당해고 노동자는 그 외로운 철탑 위에서 과연 무슨 생각을 할까? 꿈에서도 간절한 비정규직 철폐일까? 아니면 부당해고에 대한 사측의 사과와 해고 철회일까?

나는 극한 상황에서 투쟁하는 사람들을 보면 저렇게 고립된 상황에서 저들은 무슨 생각을 할까 무척 궁금해지곤 했다. 그런데 신수원의 단편 소설 〈오리 날다〉를 보며 무릎을 탁 쳤다. 세상 그 어떤 급박하고 간절한 상황에서도 절대 피할 수 없는 욕구! 〈오리 날다〉의 주인공 진복연이 철탑 위에서 내내 고민하는 것은 '똥을 어찌 누어야 할까'이다.

여기서 나는 '배변 활동'이라는 좀 더 고상한(?) 표현을 삼가기로 한다. 왜냐하면 '배변 활동'은 '똥을 눈다'는 표현보다 훨씬 덜 절박하게 느껴지기 때문이다. 철탑 아래 있는 이들의 관심이 집중된, 위태하게 흔들리는 그곳에서 대체 똥은 어떻게 누어야 하는가.

이 얼마나 원초적이고 기본적인 권리에 관한 문제인가.

진복연이 원초적 본능을 해결하는 방법은 바로 오리변기다. 맞다. 유아들이 사용하는 귀엽고 앙증맞게 생긴 그 오리변기 말이다. 그런데 아이들이 앉았을 때나 귀엽고 앙증맞지 거기에 앉는 사람이 어른일 때는 얘기가 다르다. 수치스럽고 모멸적인 것이 된다.

오리변기에 똥을 누기도 그리 수월한 일은 아니다. 아무도 위를 올려다보지 않는 밤까지 기다렸다가 최대한 은밀히 일을 치러야 한다. 강풍이라도 불거나 비가 내리는 날이면 흔들리는 고공에서 그 자그만 오리변기에 앉아 변을 보는 일은 더없이 위태롭고 초라하다. 또 변을 보고 난 후 그것을 처리하는 과정은 어떤가. 비닐에 꽁꽁 봉해 밧줄에 매달아 아래에서 투쟁하는 동료들에게 내려보낸다. 내려보내다가 비닐이 터져 버리기라도 하면…? 상상하는 것만으로도 끔찍하다.

흔들리는 고공 철탑 위에서 진복연이 매일 고민하는 것은 노조의 대의명분도 요구 관철도 아닌, 바로 '똥 누는 것'이다. 〈오리 날다〉가 그려 낸 수치심과 모멸감의 극치에 나는 소름 끼치도록 공감했다.

나에게는 화장실에 대한 유별난 트라우마가 있다. 장애인 편의 시설이 전무했던 열악한 학창 시절을 보낸 탓에, 초중고 12년 동안 내가 치열하게 고민하고 견뎌야 했던 건 입시도 성적도 아니라 오로지 '화장실을 가지 않고 참는 것'이었다.

그 시절에 학교 화장실은 교실 건물과 따로 떨어져 아주 멀리 있었던 데다가, 푸세식이거나 소위 고무신 변기가 전부였다. 나에겐 그림의 떡이나 다름없는 화장실이었던 것이다. 그러니 죽어라 참을 수밖에. 물을 잘 마시지 않고 아침을 거르는 것은 화장실 스트레스 때문에 몸에 밴 내 오랜 습관이다. 수업이 다 끝나기도 전에 화장실에 가고 싶어진다면 그야말로 나에게 최악의 날이다. 빵 터질 것처럼 요의가 극에 달하는 날에는 그 어떤 영어 단어도 수학 공식도 머리에 들어오지 않았다. 나는 들어갈 수 없는 화장실 문을 열며 안절부절못하는 꿈을 아직도 종종 꾼다.

초등학교 2학년 때였다. 내가 걱정스러웠던 엄마는 나를 위해 비상용으로 교실 맨 뒤 청소함에 오리변기를 가져다 놓았다. 〈오리 날다〉의 주인공이 사용해야 했던 바로 그 오리변기. 나는 죽어라 싫다 했지만, 엄마는 그걸 어찌 참냐고 비상시에만 사용하면 되지 않겠냐며 끝내 놓아두었다. 청소함을 열 때마다 반 친구들이 이게 뭐냐며 궁금해하는 것이 어린 내겐 너무 창피하게 여겨졌고, 아무리 급한 상황이 와도 죽으면 죽었지 거의 일흔 명에 이르는 반 아이들 앞에서 용변을 볼 용기는 낼 수가 없었다.

그러던 어느 날. 수업이 끝나고 청소마저 다 끝내고 아이들이 모두 돌아간 텅 빈 교실에 앉아 엄마를 기다리는데 미친 듯이 소변이 마려웠다. 방광은 터져 버릴 것 같은데 엄마는 그날따라 늦었다. 주위를 둘러보니 아이들이 다 집으로 돌아간 학교는 너무나 고요했다. 세상에 나밖에 없는 것 같은 그 고요함에 어쩐지 맘이 놓였고, 청소함에 둔 오리변기를 사용해도 괜찮겠다는 용기마저 일었다.

나는 터져 나올 듯한 소변을 참으며 가까스로 청소함으로 기어가 오리변기를 꺼내 그 위에 앉아 드디어 시원한 방출을 막 시작한 참이었다. 그런데 갑자기 드르륵 교실 문이 열렸다. 순간 심장은 터질 것 같았고, 소변을 보며 느꼈던 시원한 감각도 사라져 버렸다. 담임 선생님이었다! 선생님과 눈이 마주친 순간 나는 그만 얼음이 돼 버렸다. 정작 선생님은 아무렇지 않은 듯한 표정이었지만 그때 내가 느낀 것은 분명 '모멸감'이었다.

〈오리 날다〉의 마지막 장면은 정말이지 처참한, 모멸감의 진수를 보여 준다. 그날 진복연은 동료들이 신경 써서 올려 보낸 초밥을 먹었다. 그런데 그날 밤 배탈이 나 버린 것. 생각해 보라, 그냥 똥이 마려운 정도가 아니라 설사가 터져 나올 것 같은 배탈이다. 흔들리는 철탑 위에서 그녀는 주위를 살피며 불안하게 오리변기에 앉아 설사를 했다. 젠장, 설사인 탓에 비닐봉지에 제대로 밀봉하여 싸기도 난감하게 됐다. 그래서 잠시 변기에 놓아두고 지체하는 사이, 공교롭게도 경찰들이 강제 연행을 단행하러 철탑 위로 올라오기 시작했다. 그녀는 과연 어찌해야 할까.

가까이 오지 말라고 외치며 오리변기를 들고 일어서는 그녀의 모습에서 나는 변기에 앉아 담임 선생님과 눈이 마주쳤던 그 순간이 떠올랐다. 모멸감으로 깊이 베인 그 상처의 쓰라림이 고스란히 되살아났다.

켄 로치 감독의 영화 〈나, 다니엘 블레이크〉에서 내가 가장 강렬하게 공감한 것 역시 '모멸감'이다. 평생을 목수로 살았던 다니엘은 지병인 심장병이 악화되어 더 이상 일을 할 수 없는 상황이 되자 실업 급여를 신청한다. 인터넷으로만 이루어지는 모든 지원 서비스 신청 절차를 따라가는 것만으로도 컴맹인 다니엘에겐 너무 힘겨운데, 그를 대하는 공무원들의 '인간은 없고 원리 원칙만 있는' 무심하고 냉담한 태도에 수치심마저 든다.

혼자 힘으로 두 아이를 힘겹게 키우는 케이티 역시 착오로 생활 지원금을 받지 못해 어려운 처지다. 불기운 하나 없는 낡은 집에서 지내는데, 전기료 연체로 인해 전기마저 끊기고 만다. 없는 식량을 쪼개 아이들만 챙겨 먹이고 자신은 굶는데, 너무나 허기져 마켓에서 음식을 몰래 훔쳐 입 안으로 욱여넣다가 울음을 터뜨리는 장면에서는 함께 울지 않을 수 없었다. 생계, 아니 생존의 절박함 때문에 끝내 성매매의 유혹을 받아들인 케이티. 그걸 눈치채고 찾아간 다니엘과 맞닥뜨린 순간 케이티는 여성으로서의 수치심마저 느껴야 했다.

"I am a man, not a dog." 나는 사람이지 개가 아니라는 다니엘의 이 절규는 우리 장애인 운동계에도 큰 파장을 일으켜, '나, 다니엘 블레이크 선언'이 나오기도 했다. 세상의 부조리와 싸우는 모든 사회적 약자의 투쟁 동기는 어쩌면 이런 모멸감에서 비롯하는 것인지도 모른다. 그 어떤 고상한 대의명분도 원초적 모멸감보다 더 큰 힘을 발휘할 수 없다.

'있는 그대로의 나'로 내 기본적인 권리를 당당하게 존중받으며 살 권리, 이 기본적인 권리와 원초적 생존의 욕구가 무시되고 묵살당할 때 모멸감을 느낄 수밖에 없다. 갈 수 없는 화장실, 오를 수 없는 계단, 이동의 자유를 현저히 제한하는 대중교통 시스템, 불러 주지 않는 일터…. 이 모든 현실 앞에서 많은 장애인들이 깊은 모멸감과 수시로 맞닥뜨린다.

절망적으로 오리변기를 던질 수밖에 없었던 진복연이, 그리고 나는 개가 아니라고 외쳤던 다니엘 블레이크가 느꼈던 그 모멸감의 깊이를 사회가 한번쯤 돌아봐 주기를 바란다.

소설 〈아몬드〉,
정상성의 의미를 묻다

2016년의 경주 지진 이후, 그 지역 사람들의 삶이 어떻게 달라졌는지 '지진 그 후'를 취재한 다큐멘터리를 본 적이 있다. 그중에 지진에 대한 두려움이 워낙 커서 매사에 지진을 대비하여 초집중하며 살고 있다는 이의 인터뷰가 인상 깊었다. 지진 때문에 늘 예민하게 전전긍긍하고 사는 그녀를 보고 사람들이 그런단다. "뭐가 그렇게 무서워서? 다 지난 일인데 뭘 아직도 그렇게 예민하게 굴어?" 이와 같은 무심한 비아냥을 들을 때마다 내가 너무 예민한가, 정상이 아닌가 싶어진다는 것이다. 이듬해 포항에서 큰 지진이 일어났을 때 현장 사진을 뉴스에 제보했던 이는 이렇게 말했다. 경주 사람들 무섭다 무섭다 하는 거 보면서 뭐 그리 무섭노 했는데, 막상 내가 당하고 보니 정말 무섭더라고.

제보자의 인터뷰를 듣는데 문득 크흑, 하고 헛웃음이 났다. 자기에게 닥친 일이 아니면 저리 무심해도 되나 싶어서였다. 그러나 안타깝게도 그런 마음이 그 사람만의 이야기는 아닐 것이다.

어디 지진 소식뿐이랴. 수많은 사건 사고가 매일매일 일어나고, 우리가 무심한 사이 시리아의 어딘가에서는 무고한 아이들이 전쟁으로 죽어 가고 있으며, 얼마 전에는 지하철역 리프트 사고로 죽음에 이른 장애인의 안타까운 소식도 듣지 않았던가. 그럴 때 나는 과연 어떤 표정으로 그 소식을 접하고 있나.

손원평의 소설 〈아몬드〉가 그런 내 모습을, 우리의 모습을 비추는 거울이 된다. 알렉시티미아, '감정 표현 불능증'이란 이 낯선 이름의 장애를 가진 소년 선윤재가 소설의 주인공이다. 알렉시티미아는 아동기에 정서 발달 단계를 잘 거치지 못하거나 트라우마를 겪은 경우, 혹은 선천적으로 편도체의 크기가 작은 경우 발생한다고 알려져 있다. 선윤재는 아몬드처럼 생긴 편도체의 크기가 선천적으로 작은 알렉시티미아증후군이다. 그 때문에 윤재는 공포도, 두려움도, 슬픔도 그 어떤 감정도 느끼지 못한다.

공포나 두려움을 느끼지 못하면 매사에 담대하고 용감할 수 있으니 좋을까? 아니다. 공포나 두려움을 느끼는 것은 위험한 세상에서 생존을 위해 필요한 우리 몸의 기본적인 방어 체계다. 윤재는 그 기본적인 방어 체계가 작동하지 않아서 늘 위험에 노출돼 있다.

"이것은 슬픈 거야, 이런 건 아픈 거야." 자연스러운 인간의 감정을 느끼지 못하는 윤재에게 엄마는 상황에 따른 감정 매뉴얼을 일일이 훈련시킨다. 그러면서 엄마가 늘 윤재에게 당부하는 것은 튀지 않을 것, 남들과 비슷해질 것. 소위 '정상성'을 유지할 것이다. 그러나 '정상성'이란 과연 무엇이고, 그것을 규정하는 이는 누구인가?

TV 화면을 가득 채운 어디선가 벌어지고 있는 전쟁 장면. 폭격 속에서 두 다리와 한쪽 귀를 잃고 울부짖는 한 소년의 모습을 바라보면서 웃는 사람들을 보며 윤재는 의문이 든다. 나는 느낄 수는 없지만 그래도 그들이 얼마나 아플지는 안다. 그런데 그런 감정을 고스란히 느낄 수 있는, 정상적이라는 저 사람들은 느끼면서도 어떻게 저렇게 태연하게 웃을 수 있는 걸까?

"멀면 먼 대로 할 수 있는 게 없다며 외면하고, 가까우면 가까운 대로 공포와 두려움이 너무 크다며 아무도 나서지 않았다. 대부분의 사람들이 느껴도 행동하지 않았고 공감한다면서 쉽게 잊었다. 내가 이해하는 한, 그건 진짜가 아니었다. 그렇게 살고 싶진 않았다."

소설 속 윤재의 생각이다. 사람들은 윤재를 '정상적'이지 않다고 했다. 그래서 그를 사이코패스라 불렀고 괴물이라며 외면했다. 그러면 윤재와 다른, 소위 '정상적'인 그들은 과연 '정상적'으로 살고 있는가? 윤재는 그 감정을 '아는 것만으로도' 부채감을 지고 행동해야 했고, 인간으로서 또 다른 인간에 대한 연대와 의무감을 가졌다. 그런데 '정상적'이란 사람들은 무자비한 전쟁 뉴스 앞에서도 웃을 수 있었다. 그저 '정상적'으로 느끼기만 할 뿐, 쉽게 잊어버리고 행동하지 않았다. 자, 그럼 무엇이 '정상적'인 걸까?

다른 지역의 지진을 보며 뭐 그리 무섭노 했다는 사람들, 세월호 유족을 보고 지겹다고 이젠 그만하라고 하는 사람들, 심지어 애끓는 유족 앞에서 피자와 짜장면을 보란 듯이 먹어 대며 '폭식 투쟁'이란 말 같지도 않은 말로 '투쟁'이란 말을 모독하던 사람들, 혹은 불행한 현장에 내가 없어서 다행이라고 가슴 쓸어내리며 안도하고는 곧 잊고 마는 사람들…. 모두 윤재의 눈으로 보면 '정상적'이지 않다.

장애인이 지나가는 걸 보면 꼴 보기 싫고 역겨워서 때리고 싶어진다는 사람들이 있다. 실제로 그런 사람들 때문에 이유도 모른 채 무자비한 폭력을 당한 장애인들이 내 주변엔 여럿 있다. 장애인이 역겹다는 사람을 보면 '정상적' 사고방식을 가졌다는 대부분의 사람들은 불쾌감 내지는 분노를 느낄 것이다. 지극히 '정상적'이고 당연한 반응이다.

그러나 그렇게 명백히 보이지 않는 것들, 애매모호한 것들에 대해서는 어떻게 느끼는가. 가령, 경사로를 설치하지 않은 가게를 운영하는 사장님이나, 바쁘다는 이유로 장애인에게 편의 시설을 양보하지 않는 사람들 같은 경우 말이다. 그럴 수도 있지, 하고 대수롭지 않게 여기는 내면에는 사실 차별적인 상황을 무심히 지나쳐 버리는 둔감함이 자리한다. 그 둔감함은 더 많은 차별적 상황을 묵인하게 만들 것이고, 그럼으로써 차별과 폭력적 상황은 계속해서 악순환되고 공고해질 것이다.

장애인이 들어갈 수 있는 식당이 없어서 제때 음식을 못 먹는 상황, 또는 편의 시설을 재빠르게 선점해 버리는 비장애인들 때문에 장애인이 이용할 기회를 놓쳐 버리는 상황을 지나치고 묵인하는 일은 사실 얼마나 폭력적인가. 무관심과 둔감함도 누군가에게는 폭력이 된다. 윤재의 눈에는 이 모두 이상하고 이해할 수 없는 '비정상적'인 폭력으로 보일 것이다.

그런 의미에서 과연 나의 편도체, 나의 아몬드는 안녕한가 되물어야 한다. 다른 것을 '비정상적'이라고 매도하는 폭력적인 '정상성'의 강요가 아니라, 윤재가 의미하는 공감과 연대로서의 '정상성'으로 말하자면 과연 나의 '정상성'은 제대로 작동하고 있는 것일까. 윤재의 물음을 깊이 되새길 일이다.

여전히 그린북이
존재하는 사회

여기 흑백 사진 한 장이 있다. 사진 중앙에 흑인 소녀가 서 있고, 소녀 주변에는 울타리가 둘러 있다. 울타리 주변에 백인들이 가득 모여 소녀를 바라보는데, 그중 한 사람이 흑인 소녀에게 먹을 것을 건네고 있다.

이 사진은 어떤 상황을 찍은 것일까? 대부분 흑인 소녀가 귀여워 백인 어른이 과자를 주는 상황이라고 여길 것이다. 그렇게 여기는 게 상식적이다. 그러나 사실은 우리 안에 갇힌 흑인 소녀에게 밖에서 구경하던 한 백인 관람객이 마치 원숭이에게 바나나를 주듯 먹을 것을 건네고 있는 장면이라는 설명을 덧붙이면 사람들은 큰 충격을 받는다. 1958년 벨기에에서는 이런 비상식적인 상황이 실제로 존재했다. 183가구의 아프리카 콩고인들을 데려다가 '미개인'이란 이름으로 전시한 세계 박람회에서였다. 말 그대로 '인간 동물원'이었던 셈이다.

인간이 다른 인간을 야만시하고 경멸하며 우리 안에 가둔 역사는

111

이 밖에도 여러 사례가 있었다. 오타 벵가라는 콩고 사람은 1906년 미국 뉴욕의 브롱크스 동물원에서 원숭이처럼 갇혀 지내며 사람들이 요구하면 강제로 춤을 추어야 하는 등 치욕적이고 비인간적 대우를 받다가 결국 모멸감에 스스로 목숨을 끊고 말았다.

야만적인 인종차별의 역사가 그리 오래전 일이 아님에도 불구하고, 우리는 미국 링컨 대통령이 노예해방을 선언한 뒤로 흑인들의 삶이 많이 달라졌을 것이라고 단순히 생각한다. 미국에서 노예해방을 선언한 것이 1863년인데, 우리에게 얼마나 멀고 먼 과거처럼 여겨지는가. 오랜 시간이 흐른 뒤의 세상에서는 당연히 흑인이 차별받지 않아야 하지만, 안타깝게도 세상은 생각보다 훨씬 발걸음이 더디다.

노예해방 이후 백 년 가까이 흐른 뒤에도 사람들은 인종차별 의식에 단단히 매여 있었다. 흑인의 것과 백인의 것이 명백히 분리된 시설들과, 버스조차도 백인의 자리와 흑인의 자리가 구분돼 있을 뿐만 아니라 심지어 백인이 우선 탑승하고 남은 뒷자리에 겨우 흑인이 탈 수 있었다. 그 유명한 로자 파크스의 '버스 보이콧' 사건(1955년)이 여기에서 비롯되지 않았던가. 그러나 노예해방 이후로도 오랫동안 가해진 흑인에 대한 차별을 우리는 그저 몇 장의 사진들과 단편적인 정보들로만 이해하고 있는 것은 아닐까? 단순히 이해하는 것과 공감하는 것은 분명 다르다.

　그런 의미에서 〈그린북〉은 1960년대에 가해졌던 미국 사회의 흑인에 대한 차별을 이 시대의 우리가 매우 섬세하게 들여다보고 공감할 수 있게 한 영화였다. 천재적인 흑인 피아니스트 돈 셜리와 그의 운전기사 토니 발레롱가의 실화를 바탕으로 했다. 흑인과 백인, 고용인과 피고용인의 관계로 만난 두 사람이 8주 동안의 크리스마스 연주 투어를 떠나며 벌어지는 길 위의 이야기, 그들의 성장과 우정을 다룬 버디무비이자 로드무비다.

　미국 남부의 깊숙한 지방까지 돌아야 하는 투어 일정을 위해 꼭 필요한 것이 있었는데, 바로 '그린북'이다. 그린북은 1936년부터 약 30년간 남부를 여행하는 흑인들을 위한 안내서 역할을 한 초록색의 작은 책자를 가리킨다. 뉴욕 출신의 흑인 우체부였던 빅토르 휴고 그린이 만든 이 책자는 1964년 미국 민권법이 제정되어 법적으로 차별이 없어질 때까지 인종차별이 극심했던 미국 남부의 흑인들에게는 없어서는 안 될 필수품이었다. 호텔, 식당, 주유소 등 흑인들은 얼씬도 못 하게 막는 곳들이 많았기 때문에 흑인을 받는, 흑인이 갈 수 있는 여행지 정보가 꼭 필요했던 것이다.

　영화 속에서 돈 셜리 박사는 허름하기 짝이 없는 흑인 숙소에서 잠을 자고, 운전기사인 토니는 그보다 시설이 좋은 백인 숙소에서 따로 묶는다. 이 장면에서 당시 존재했던 흑백 차별을 실감할 수 있다. 게다가 연주자로 초빙해 놓고도 대놓고 무시하고 차별하는 백인들의 비열한 태도와, 연주하기로 한 호텔의 식당에서조차 백인 전용이라는 이유로 셜리의 입장을 저지하는 백인들의 모습은 겉으론 우아하지만 실은 무례하고 저질스럽기 짝이 없다.

'우리 안에 그린북은 없는가?'

영화를 보는 내내 머릿속에 맴돌았던 생각이다.

내 스마트폰에는 소위 장애인들이 갈 수 있는 편의 시설을 안내하는 앱이 여러 개 깔려 있다. 지하철역에 엘리베이터는 있는지, 장애인 화장실은 갖추어져 있는지 등을 알려 주는 지하철 관련 앱만도 서너 개이고, 장애인이 이용할 수 있는 숙박업소 정보를 알려 주는 숙박앱, 목적지 근처에 장애인들이 갈 수 있는 식당이며 편의 시설을 갖춘 건물들에 대한 정보들을 담은 일명 '배리어프리' 관련한 앱들 말이다. 이런 앱들은 '장애인도 갈 수 있다'고 허용하는 자유의 증거인 듯도 하지만, 사실 '어디든 갈 수 없는' 장애인 현실에 대한 반증이기도 하다. 그린북이 어디든 갈 수 없는 흑인의 현실을 극명히 보여 주었듯이 말이다.

장애인들이 자유롭게 지하철을 타고 이동할 수 있는 일상을 누리게 된 건 최근의 일이다. 수많은 계단을 산악 등반하듯 오르내리며 지하철을 타야 했던 지옥 같은 일상이 어제 일처럼 떠오를 만큼 불과 몇 년 전까지만 해도 지하철은 장애인들에게 철옹성 같은 요새였다. 위험한 리프트에서 장애인들이 사고로 다치거나 비참히 죽어 가고 나서야, 많은 장애인이 이동의 자유를 외치며 힘겨운 몸으로 바닥을 기고 철도를 점거하고 세상의 모진 욕들을 다 얻어먹고 나서야 겨우 쟁취한 성과다.

2007년 장애인차별금지법이 제정되었지만 우리 사회의 인식은 더디기만 해서 장애인에 대한 차별이 여전히 많이 남아 있다. 형식적으로는 엘리베이터와 장애인 편의 시설을 갖추었으되, 말 그대로 형식만 갖추었을 뿐 실제로 장애인이 사용하기 불가능한 곳도 많다. 사람들이 붐비는 곳에서는 여전히 "장애인이면 집에 있지 왜 나왔냐"는 볼멘소리를 들어야 한다. 장애인들을 세금 먹는 하마쯤으로 여기는 사람들의 차가운 비아냥이 깨진 유리조각처럼 곳곳에서 날카롭게 밟힌다. 이처럼 장애인들에게 현실은 그린북이 존재하던 시절과 별반 다르지 않다.

그린북이 필요했던 세상에서 그린북이 필요하지 않은 세상으로 한 걸음 나아갔듯이, 이제는 장애인들에게 우리 안의 그린북, '배리어프리' 지도나 앱이 따로 필요하지 않은 세상으로 나아가야 한다. 우리 안의 그린북은 언제쯤이나 사라질 수 있을까.

장애인,
그냥 친구, 그냥 이웃, 그냥 사람

〈그림 검사를 활용한 초등학생의 장애 인식 특징 분석〉(김수연·이대식, 2011)에 따르면 아이들은 불특정 장애인이 아니라 내가 아는 사람을 그릴 때 장애인을 긍정적인 이미지로 그렸다는 의미 있는 결과가 있다. 내가 알지 못하는 불특정한 장애인의 이미지를 그릴 때는 불쌍하고 도와주어야 하거나 심지어 괴물 같은 존재로 그리기도 했지만, 나와 함께 공부하거나 혹은 옆집에 사는 장애인일 때는 친구이고 이웃으로 그린 것이다. 아서 샤피로는 〈Everybody belongs〉(1999)에서 "흑인, 인디언 등 소수집단 사람을 존중하기 위해서는 가장 먼저 그들이 나와 같은 지역사회 일원으로 실재함을 인식할 수 있어야 한다"고 강조한 바 있다. 편견을 없애는 데 직접 만나서 접촉하는 것만큼 좋은 방법은 없다는 것이다. 영화, 책, TV 프로그램 등 다양한 미디어에 장애인이 등장해야 하는 것도 그 때문이다.

"엄마가 살인죄로 감옥 가고 저를 동네 사람들이 키워 줬어요.

동네 지나가면 밥 먹고 가라, 집에 아무도 없을 텐데 자고 가라, 심심할 텐데 놀다 가라…. 동네 사람들은 뭐 좋은 일 한다는 생각도 없이 그냥 꼬맹이 하나를 그렇게 키웠어요. 당신 아들 영준이가 케이크 한 숟갈 푹 떠서 나한테 내밀었던 것처럼….”

드라마 〈날아라 개천용〉을 보다가 귀를 뚫고 마음으로 들어온 대사다. 살인 누명을 쓰고 죄인처럼 숨어 사는 사회적 약자들을 위해 가해자인 대한민국 초엘리트 집단과 맞서는 이야기를 담은 드라마이다. 살인 누명 피해자 김두식이 자신의 재심을 위해 전심으로 애쓰는 박삼수 기자에게 왜 그렇게까지 하는지 묻자 박삼수가 한 대답이었다.

박삼수는 어린 시절, 애인이라는 사람의 폭력에 시달리다 살인을 저지르고 감옥에 간 엄마 때문에 살인자의 아들로 살았던 아픈 과거가 있다. 살인자의 아들로 사는 일이 얼마나 고통스러운지 너무나 잘 알기 때문에 피해자 김두식의 재심은 박삼수에게 특별한 의미다. 어린 시절 박삼수의 이웃 사람들이 그를 무서운 살인자의 아들로 대했다면, 그는 어쩌면 사람들에 대해 꽁꽁 언 마음으로 살아야 했을지도 모른다. 그러나 이웃들은 그를 ‘살인자의 아들’로 대하지 않았다. 그저 ‘내 아이’, ‘내 아들’처럼 아이의 끼니를 챙기고 잠자리를 챙기며 다 같이 키웠다. 그런 이웃의 돌봄 덕분에 박삼수는 사람의 따뜻함을 먼저 보고 정의에 눈 감지 않는 열혈 기자가 될 수 있었다. 그 장면을 보면서 내 어린 시절의 이웃들을 떠올리지 않을 수 없었다.

어린 시절 나는 동네 이웃들에게 '장애가 있는 아이'로 특별하게 구분되지 않았다. 걷지 못한다고 해서 친구들과 들로 산으로 쏘다니는 것을 결코 포기할 수 없던 고집 센 나는, 엄마가 두꺼운 천을 잘라 만들어 준 검은 바지를 입고 온 동네를 기어 다녔다. 다른 아이들은 두 발로 걷고 나는 네 발로 걷는 게 다를 뿐, 기어 다니는 것은 동네 사람들에게 전혀 이상하거나 별나게 여겨지지 않았다. 온 동네 흙바닥을 내 집처럼 기어 다니며 놀다가 친구들 따라 아무 집이나 들어가면 어떤 집에서는 마침 밥 먹을 참이었다며 밥상머리를 내주고, 또 어떤 집에서는 씻고 있던 과일을 맛있는 간식으로 내주기도 했다. 기어 다니면 어떻고 그러다 흙이 좀 묻으면 어떠랴, 다들 그렇게 아무렇지 않게 자기 자식 대하듯 나를 대해 주었다.

내 친구들은 어땠는가 하면, 언제나 일명 '깍두기'로 나를 모든 놀이에 끼워 주었다. 구슬치기 고무줄 술래잡기 이런 모든 놀이에서, 구슬치기를 좀 못해도 날렵하지 못해서 고무줄을 맨날 밟아도, 친구들이 나를 깍두기로 받아 주는 것은 너무도 당연한 일이었다. 이기기 위해서 하는 놀이가 아니라 그냥 함께 재미있게 놀기 위해서, 나와 함께 노는 것이 너무 당연해서 나랑 놀았고, 내가 기어서 가지 못하는 곳은 친구들도 알아서 피해 가며 그렇게 마을을 누비고 놀았다.

그런 친구들에게 이웃에게, 나는 도와줘야 하고 배려해야 하는 '장애인'이 아니었다. 내 장애 유형을 이해하고 그것에 맞는 도움을 미리 배우고 익혀야 하는 그런 관계도 아니었다. 나를 그저 친구로, 우리 아이로 여겼던 그들은 결코 나를 못 걷던 애, 기어 다녔던 애, 장애가 있던 애로 기억하지 않을 것이다. 그저 '미경이'란 내 이름과 나와의 추억을 먼저 떠올려 줄 것이다.

"한 아이를 키우기 위해서는 온 마을이 필요하다"는 말은 비단 일반적인 양육에만 해당하는 말이 아니다. 한 장애인이 공동체 안에서 함께 사는 데에도 역시 온 마을이 필요하다. 오랫동안 시설 생활을 하다가 지역에서 멋지게 자립을 이루고자 탈시설을 한 장애인들 가운데 일부는 마을의 관심과 돌봄이 없어 다시 시설로 돌아가기도 한다. 터무니없는 편견으로 외면당하고 더불어 손 내밀어 줄 '온 마을'이 없어 밖으로 제대로 나오지 못하는 장애인도 있다. 경쟁이 아니라 함께 즐겁게 일구어 가는 공동체를 위하여 기꺼이 깍두기 자리를 내주는 '온 마을'이 없어 장애인이 함께 일하지 못한다.

내가 기어 다녔던 동네의 어른들은 아마도 길가에 뾰족하게 박힌 큰 돌멩이를 보면 "에구, 우리 미경이 기어 다니다 무릎 다칠라" 하며 치우지 않았을까. '장애인 배려', '장애인 이해' 같은 거창한 명목을 달지 않아도 아이가 기어 다니다 행여 다칠세라 염려했을 그 마음이, 나로 하여금 일일이 장애를 떠올리지 않아도 되는 '아름다운 시절'을 살 수 있게 하지 않았을까.

'살인자의 아이'가 아니라 우리의 아이로 여기고 부모 없는 아이를 돌봤던 박삼수의 동네. '장애아'가 아니라 그냥 기어 다녀서라도 놀고 싶어 하는 활기찬 아이로 나를 대해 주던 내 어린 시절 동네. 장애인에게도 그렇게 온 마을이 필요하다.

예매하다
빡친 썰

마음껏 여행을 하고 다양한 전시회와 공연을 자유롭게 선택하고 누리는 것, 이를 소위 문화의 향유라 한다. 그런데 장애를 가진 사람들에게 문화의 향유란 여전히 멀게만 느껴지는 이야기다. 여행하고 싶어도 휠체어로 갈 수 없는 곳 천지고, 가 보고 싶어도 갈 수 없는 전시회가 태반이며, 관람하고 싶어도 입장 자체가 안 되는 공연장이 부지기수이기 때문이다. 장애인들의 제한된 문화 향유권의 현실에 대해 한번 짚어 보려고 한다.

일단 내가 총무로 있는 우리 모임 이야기부터 해야겠다. 평소에는 두 달에 한 번쯤 여덟 명의 회원이 모여 독서 토론을 하고, 연말에는 뮤지컬 한 편을 관람하는 것으로 한 해를 마무리한다. 모임의 목적 자체에 상당한 문화적 욕구가 반영돼 있는 셈이다. 사실 바쁜 일상들을 보내다 보면 한 달에 영화 한 편 보기도 빠듯한데, 관람료도 매우 부담스러운 뮤지컬 공연을 선뜻 보러 가기란 쉬운 일이 아니다. 그래서 일 년 동안 모은 회비로 좋은 뮤지컬 한 편 보며 의미

있게 세밑을 보내는 것이 몇 년간 이어져 온 우리 모임의 송년회 방식이다.

바로 그 송년회를 위한 뮤지컬 공연 예매 때문에 요 며칠 된통 애를 먹었다. 해마다 이맘때쯤이면 연말에 막이 오를 콘서트나 공연 일정이 쏟아져 나오는데, 좀 볼 만한 공연은 예매 전쟁을 치러야 한다. 송년회를 망치지 않으려면 예매 시기를 놓치면 안 되기 때문에 모임의 총무로서 기민함을 발휘해야 하는 것이 바로 요때이기도 하다.

뮤지컬 표를 예매할 때마다 매년 겪는 일이긴 한데 이번에는 그 정도가 아주 심했다. 휠체어 여섯 대가 들어갈 수 있는 공연장이 거의 없어서, 울며 겨자 먹기로 보고 싶은 뮤지컬을 하나씩 목록에서 지워 가야 했다. 그러다 보니 우리가 그토록 고대했던 조승우가 나오는 〈지킬 앤 하이드〉는 올해도 보지 못하는 뮤지컬이 되고야 말았다.

다른 뮤지컬들은 어땠을까?

"휠체어석은 따로 없는데요~"

"휠체어는 최대 네 대까지밖에 입장할 수 없는데요~"

회원들의 의견을 어렵게 수렴해서 기껏 작품과 공연 날짜를 결정하고 예매 전화를 하면 저런 답변을 듣기 일쑤다. 그뿐인가? 휠체어석은 인터넷 예매가 아닌 전화 예매로 '따로' 해야 하는데, 인터파크나 예스24 등 공식 예매처가 아니라 본 공연장으로 직접 전화해야 한다. 그걸 미처 알지 못했다면 공식 예매처에 전화했다가 안내를 받고 다시 본 공연장에 전화해야 하는 번거로움을 겪어야 한다. 심지어 어떤 공연장은 직접 전화했더니 또 다른 번호를 안내해서 그 번호로 다시 걸어야 했다. 전화만 무려 몇 단계를 거쳐야 하니 성격 급한 사람은 숨넘어갈 지경이다.

그렇게 복잡한 과정을 거쳐 어렵게 전화가 연결됐더라도 휠체어석이 없다거나 겨우 한두 대만 입장 가능하다는 답변이 돌아오고, 그러고 나면 또 다른 공연 예매를 위해 같은 과정을 반복한다. 이런 과정을 거치며 여러 공연의 예매를 시도했지만 결국 우리 모임은 이번 송년회에 뮤지컬을 볼 수 없게 됐다.

한 시각장애인이 콘서트 표를 예매하려다 결국 실패했다는 사연을 읽었는데, 내 장애와는 또 다른 불편을 겪고 있음에 안타까움으로 공감했었다. 나도 조카들이 좋아하는 아이돌 그룹의 티켓 예매를 몇 번 시도해 본 적이 있는데, 정말이지 번개같이 매진되는 예매 과정을 도저히 따라갈 수가 없어서 매번 실패하고 말았다. 시각장애인에게 맞춤한 인터넷 접근성이 제대로 갖춰져 있지 않은 상황에서 시각장애인이 예매에 성공하기란 거의 불가능에 가깝지 않을까.

수어나 자막, 화면 해설이 제공되지 않는 영화나 공연들, 휠체어로는 접근조차 가능하지 않은 극장들이 얼마나 많은가. 세상은 문화의 전성기라 할 만큼 다양한 공연과 전시회들이 펼쳐지고 있지만, 장애인들이 접근 가능한 공연이나 전시회들은 손에 꼽을 만큼 적거나 없는 것이 현실이다. 어떤 전시회의 포스터를 보고 가슴이 뛰었다가도 휠체어가 들어갈 수 없는 전시장이어서 포기했던 적이 한두 번이 아니다.

문화 소비자로서의 장애인 접근이 불가한 상황이 이리도 많은데 문화 생산자로서는 오죽할까? 장애인 극단이 공연할 수 있는 공연장, 장애인 화가나 연주자들이 전시하고 공연할 수 있는 공간 역시 많지 않다. 한 장애인 극단이 지방 순회공연을 하려는데 장소 섭외에 어려움이 크다는 이야기를 전해 들은 적이 있다. 서울이나 수도권에는 공연과 전시가 가능한 공간이 조금이라도 있지만, 지방에는 그런 무대 자체가 거의 없다는 것이다. 심지어 광역시에 해당하는 큰 지역임에도 그곳에서 장애인 연극 무대가 마련된 적조차 없었다는 얘기를 그 지역 사람에게 들었을 때 정말 그 정도인가 싶어 문화적 충격을 받은 적이 있다. 이런 현실에서 장애인은 문화의 향유도 소비도 제대로 이루어지지 않는 비문화적 세계 속으로 배제되고 있는 것 아닌가.

문화의 계절을 맞아 쏟아져 나오는 공연들의 목록을 보면서도 장애인들은 보고 싶은 공연을 자유롭게 즐길 수 없다는 소외감을 예매에 실패하는 과정을 통해 선명하게 느낀다. 문화의 향유자로서 맘껏 누릴 수 없는 현실이 안타깝다. 장애인도 다양한 문화를 씹고 뜯고 맛보고 즐기고 싶은 문화인이다.

극단 애인,
가장 나답게 무대에 서기

그 옛날, 5월의 대학로는 나에게 로망이었다. 젊음이 가득한 거리라는데, 낭만이 넘치는 거리라는데, 예술과 자유의 혼이 곳곳에 스민 거리라는데…. 나는 갈 수 없었기에 갈 수 없는 곳에 대한 막연한 동경으로 한껏 나를 설레게 하던 곳. 이젠 동경이 아닌 현실이 된 그곳에서 자유롭고 달콤한 바람을 마시노라면, 불현듯 지난 기억을 불어다 주곤 한다. 2018년 5월 대학로에서 본 극단 애인의 공연 〈한달이랑 방에서 나오기만 해〉가 기억의 바람을 온 가슴으로 맞게 해 주었다.

제목을 설명하자면 〈한달이랑〉과 〈방에서 나오기만 해〉, 두 편의 연극을 이어 놓은 것이다. 〈한달이랑〉은 장애를 가진 세 남자가 시설에서 나와 자립해 살던 어느 날, 문 앞에 버려진 아기와 함께 살면서 겪는 이야기다. 한마디로 장애인판 〈세 남자와 아기 바구니〉 정도가 되겠다. 그리고 〈방에서 나오기만 해〉는 제목에서 느껴지듯이 장애를 가진 딸과 그 딸의 장애 때문에 스스로 고통스러웠던 엄마의 애증과 화해를 그렸다.

우선, 첫 무대를 장식한 장애인판 〈세 남자와 아기 바구니〉가 그렇게 재미있을 줄 몰랐다. 그동안 비장애인 남성들이 아기를 키우는 설정의 영화나 드라마는 많았지만, 장애를 가진 세 남성이 아이를 키운다고? 상상해 본 적 없는 이야기였던 터라 더 호기심 있게 지켜봤는지도 모르겠다.

"와! 미쳤다. 어떻게 장애인들만 사는 집에 아기를 맡기냐!"

아기를 받아 안고 이렇게 말하는 대목에서 그야말로 빵 터졌다. 그 난감한 상황에서 좌충우돌 그들만의 육아 생활이 시작된다. 팔과 손의 장애로 아기를 안을 수 없는 사람은 걸을 수는 있으니 주로 이리 뛰고 저리 뛰며 두 남자의 필요를 채운다. 아이를 안을 수 있는 사람은 자연스럽게 아이를 안고 우유를 먹이며 기저귀를 갈아 주는 역할을 맡는다. 그리고 나머지 한 사람은 육아에 필요한 정보를 재빠르게 검색해 전달하는 역할을 한다. 이렇게 주어진 상황 안에서 셋만의 완벽한 호흡이 이루어진다. 그리고 그 안에 장애인만의 몸짓, 장애인만이 할 수 있는 이야기들이 가득하다.

극단 애인이 공연 때마다 보여 주는 가장 큰 미덕은 무대에 선 이들이 장애를 가진 배우임을 잊지 않게 한다는 점이다. 비장애인처럼 최대한 자연스럽게, 비장애인처럼 민첩하게, 비장애인처럼 분명한 발음으로! 이렇게 비장애인 흉내 내기가 아니라, 각자 자신의 장애를 꾸밈없이 드러내며 가장 자기다운 연기를 보여 준다.

배우들은 비장애인들의 일상보다 확연히 느린 속도로 아이를 안고, 느리게 우유병을 가지고 오며 느리게 검색을 하고 느리게 말을 한다. 자기 아닌 척 가장하거나 과장하지 않고 자신의 몸짓으로 연기한다. 관객들은 그들을 통해 나와 다른 몸짓, 나와 다른 이들을 지켜본다. 비장애인들의 연극에서는 절대 볼 수 없는 그들만의 몸짓과 속도로 장애를 오롯이 드러내고 이야기를 풀어내면, 관객들은 어느새 그에 익숙해진다. 그들의 속도에 동화되고 나와 또 다른 장애의 몸짓이 낯설지 않게 되며, 심지어 장애가 매력적인 개성이 되는 장을 그들의 무대를 통해 경험하는 것이다.

세 남자는 한 달 동안 맡겨진 아기를 기르는 동안 자신의 아픈 과거를 만나고, 상처를 드러내고, 한 생명에 쏟아붓는 사랑의 경험을 통해 스스로를 치유해 간다. 현철이 아기에게 "너는 커서 장애인은 되지 마라"고 이야기하자 진수가 말한다. "괜찮아, 한달아. 나처럼 멋진 장애인도 많단다." 그 말에 누구도 냉소하지 않는다. 서로 다른 상처를 서로가 가진 힘(치유력)의 상호작용을 통해 보듬는 가운데, 아기가 자라듯 그들도 성장해 간다.

두 번째 무대인 〈방에서 나오기만 해〉의 주인공 진주는 관객들에게 자신의 상처와 마주하는 경험을 전해 준다. 딸의 장애를 인정하고 싶지 않았던 엄마, 그래서 더욱 집요하게 완벽을 요구했던 엄마 때문에 진주는 학창 시절 내내 방 밖을 나설 수 없었고 엄마를 향한 애증으로 힘겨워한다. 그게 어디 진주만의 모습이겠나. 우리 모두에게도 각자의 방이 있었다. 타인의 강요였든 자신만의 특별한 상처였든, 우린 저마다 그 방에 몰래 스스로를 숨기고 아픈 시간을 건너왔을 것이다. 그런데 무엇이 우리를 아픈 시간 안에 붙잡아 두고 방에서 나오지 못하게 하는가.

진주는 엄마를 새롭게 대면하면서 그 방의 출구를 찾았다. 엄마와 함께 겪었던 그 고통의 시간이 엄마에게도 머릿속을 하얗게 지울 만큼 지독한 독이었음을 깨달은 것이다. 나를 아프게 하고 상처 주는 엄마, 딸을 부끄러워하는 무정한 엄마가 아니라 엄마 역시 진주처럼 아프고 위로가 필요했던 나약한 한 사람이었음을 어린아이가 되어 버린 엄마를 통해 바라볼 수 있게 된다.

"삶이란 자신을 망치는 것과 싸우는 일"이라는 구절로 시작하는 신현림의 시 〈나의 싸움〉을 진주가 읊조리는 장면을 보며, 우리는 모두 치열한 삶의 전장에서 자신을 망치는 적들과 처절하게 피 흘려 싸워야만 하는 가여운 존재임을 가만히 끄덕이지 않을 수 없었다.

"나는 진주고 엄마는 내 엄마지." 진주는 쓸쓸하면서도 담담한 독백을 하며 비로소 지난 시간과 화해한다. 이제 그녀는 자신에게 주어진 모든 것을 있는 그대로 직면할 수 있을 만큼 단단해졌다. 그것을 우리는 '성장'이라 부른다.

진주는 왜 진주일까? 조가비의 속살에 파고든 상처가 서서히 자라 진주가 된다는데, 그런 의미에서 지은 이름일까? 또 왜 하필 '아기를 키우는' 설정인가? 생명을 돌보고 자라게 하는 그 고단한 과정을 통해 결국 아기뿐만 아니라 키우는 이도 성장하는 것임을 드러내기 위함이었나 하는 데에 생각이 이른다. 이와 같은 치유와 화해의 이야기, 성장의 이야기가 5월의 대학로에 있었다.

"장애는 장애라고 여길 때 장애가 된다!" 매 공연마다 극단 애인에게서 듣는 숨은 메시지다. 가장 자기다운 몸짓으로 전하는 그들의 뜨거운 선언. 극단 애인의 공연을 매번 새롭게 기대하는 이유다.

누워서 싸우는
사람들

만성피로증후군은 자가면역체계 질환으로, 첨단 과학의 시대라 일컫는 이 시대에도 아직 미지의 병이다. 자주 사용되는 단어들이라 익숙한 듯한 이 병명은 '늘 피곤한 병인가?' 하는 단순한 추측과 오해를 낳기도 해서, 이 병을 앓고 있는 환자들은 편견으로 인해 상처를 입기도 한다.

만성피로증후군의 원인은 아직 알 수 없지만 면역 체계 작동 시스템에 심각한 오류가 생겨서 외부의 적들과 싸우지 못하고 오히려 내부를 공격하거나 세포가 분열하고, 생명 에너지를 새로 만들어 내지 못하는 데서 발생하는 질환이라고 한다. 한마디로 배터리를 아무리 충전해도 100퍼센트가 아니라 20퍼센트밖에 충전되지 않고 곧 방전돼 버리는 것과 같은 현상이 우리 몸에 일어나는 것이다. 이 환자들은 극심한 통증과 그에 수반되는 장애로 인해 삶을 지속할 수 없을 만큼 일상이 망가지는 경험을 한다. 이처럼 파괴적인 질병임에도 무지에서 오는 편견으로 조롱당하거나 환자로서 제대로 인정받지 못하는 이중의 고통을 느끼고 있다.

남편과 함께 하버드를 졸업하고 전도유망한 미래에 설레던 제니퍼에게 어느 날 갑자기 이 병이 찾아왔다. 마치 거짓말처럼 온몸을 움직일 수 없게 되었고, 누군가 일부러 멈춘 것처럼 일상이 정지돼버렸다. 모든 감각이 예민해지고 침대에서 일어날 수도 없는 엄청난 통증으로 무기력한 날들이 이어지는데도 병원에서는 어떤 병인지 알아내지 못했다. 병원을 전전한 끝에 그녀는 '만성피로증후군'이란 생소한 병명을 듣게 된다. 그리고 세상에서 혼자서만 앓고 있는 것 같았던 그 병을 미국에서만 100만 명 이상, 전 세계적으로는 1,700만 명에 달하는 사람들이 앓고 있다는 사실도 알게 된다. 1,700만이 넘는 환자가 존재함에도 왜 이 병은 드러나지 않았을까? 거기에서 그녀의 의문이 시작되었고 그저 무기력하게 당할 수만은 없다는 오기가, 자신과 같은 병을 앓고 있는 누군가를 만나고 싶다는 열망이 다큐멘터리 〈언레스트〉를 탄생시켰다.

이 영화는 감독이자 주인공인 제니퍼 브리와 그녀가 만난 만성피로증후군 환자들의 눈물겨운 투쟁기다. 병과 싸우는 것뿐만 아니라 그들을 이해하지 못하는 세상과도 싸우는 이야기이기 때문에 투병이 아니라 투쟁기라 썼다. 혼자 벌이는 사투인 줄 알았는데 세상 곳곳의 어두운 방에 갇혀 소리 없이 이 병과 싸우는 환자들이 있었고, 그들을 인터넷을 통해 만나면서 제니퍼는 동병상련의 위로와 동지애로 함께 싸울 힘을 얻는다.

어찌 보면 이 병은 거짓말 같기도 하고 꾀병처럼 보이기도 한다. 방금 전까지도 남편과 즐겁게 이야기를 나누던 사람이 어느 순간 갑자기 한 발자국도 움직일 수 없을 만큼 얼어붙은 채 통증으로 쓰러지기도 한다. 또 소리나 빛 등 모든 감각에 예민해져서 침실에 암막을 걸을 수가 없다. 생일 선물을 푸는 기쁜 순간에도 포장지 뜯는 소리를 견딜 수 없어 귀를 막아야 한다. 보통 사람들에겐 아무렇지도 않은 일상의 소리나 빛이 만성피로증후군 환자들에겐 견딜 수 없는 고통이 되는데, 이를 이해하지 못하는 주변 사람들은 예민한 히스테리쯤으로 여긴다는 것이 환자들의 또 다른 고통이다.

"만성피로증후군이라고요? 누군 안 피곤한가요?"

이 병명이 세상에 처음 소개됐을 때 유명 코미디언이 무대에 올라 이렇게 비아냥거려서 환자들에게 상처를 주기도 했다. '만성피로증후군'이란 병명이 붙게 된 것도 겨우 1988년에 이르러서였다. 그때까지 이 병은 수많은 환자가 존재하는데도 병이 아니었고, 병으로서 연구되지 않았다. 의사들조차 아직 이 병을 잘 모른다. 병으로 인정받지 못하는 병을 앓는다는 것은 환자들에게는 참을 수 없는 고통이다. 제대로 진단받지 못하니 치료가 바르게 이루어질 리 없고, 있지도 않은 병을 앓으니 꾀병을 앓는 꼴이었다. 그래서 이 병이 연구되기 전까지 수많은 이들이 히스테리 환자로 분류되어 정신병 환자 수용소에 갇혔으며, 평생을 수용소에서 짐승처럼 고통에 울부짖다가 쓸쓸하게 생을 마감하기도 했다.

불행히도 이 병을 앓는 환자의 무려 85퍼센트가 여성이다. 오랜 세월 수많은 여성이 이 질병으로 고통을 당했지만, 남성이 주류로서 지배해 온 이 사회에서는 그저 예민하고 나약한 여성의 신경쇠약이나 히스테리로 간주될 뿐 연구할 필요성조차 없는 질환에 불과했다. 이처럼 오랫동안 병으로 인정받지 못했으며, 지금도 수많은 사람들이 고통받고 있고 자살로 생을 마감하는 절벽 같은 삶을 살아 내고 있다. 그러나 여전히 암과 같은 대중적인 질병들에 밀려 턱없이 적은 금액만 형식적으로 지원되고 있을 뿐이다.

지금도 상황은 크게 달라지지 않았다. 다큐멘터리에 등장하는 덴마크의 한 여성 환자는 2013년 어느 날 아침 가족들 앞에서 강제로 경찰과 구급대에 이끌려 정신병원에 보내졌다. 덴마크에서는 여전히 이 병이 정신적인 원인에 의한 질병으로 취급되어 정신병원에 수용 격리해 치료받도록 강요되고 있기 때문이다.

결국 제니퍼와 환우들은 그런 세상과 싸움을 시작했다. 침대에 누워서, 이 병을 연구하는 연구진들과 화상 인터뷰를 하고 세상 사람들에게 병을 알리고 적극적인 연구의 필요성을 설득하고 강제 입원당한 환자를 집으로 돌려보낼 것과 인권 침해 방지를 촉구한다. 그렇게 누워서 숨죽여 죽어 가는 사람들을 다시 일깨우고, 여전히 살아 있음을 세상에 외치는 과정들이 이 다큐멘터리에 담겨 있다.

영화를 보는 내내 아픈 사람들에게 냉혹한 이 사회를 생각했다. 세상에 안 아픈 사람이 어디 있어, 안 피곤한 사람이 어디 있어! 아픈 사람들을 향해 온갖 비아냥이 쏟아지고, 생산성과 효율성을 이유로 늘 잉여 인간이나 쓸모없는 사람으로 취급한다. 그럼에도 딱히 차별과 냉대가 분명하게 입증되기 어려운 사각지대에 놓인, 존재하지만 존재하지 않는 사람들.

아프면 늘 미안해야 하고 조용히 숨죽여 살아야 했던 환자들의 이야기는 늘 소수의 이야기로, 비주류의 이야기로 묻혀 왔고 제대로 세상 밖에서 공론화되지 못했다. 그런 속에서 "아파도 미안하지 않습니다"라며 아픈 이들의 목소리를 당당히 대변하는 책(조한진희, 〈아파도 미안하지 않습니다〉)과 연극이 세상에 울림을 준 것이 반갑고, 누워서 싸우는 이들의 외침을 들을 수 있어 기쁘다.

세상의 작은 소리가 랜선을 통해 미디어를 통해 더 크게 증폭되고, 그 소리가 작은 움직임과 변화를 만들어 낼 수 있으면 좋겠다. 그래서 제니퍼의 목소리가 더 반갑다.

한 남자의
치열한 존재 증명기

아주 낯선 언어의 영화를 만났다. 〈라이프 필스 굿〉은 폴란드 영화인데, 그 언어도 낯설지만 우리와 전혀 다른 방식으로 소통하는 주인공의 색다른 언어가 폴란드어보다 더 낯설게 다가온다. 낯선 것은 익숙하지 않은 것이므로 때로는 불편함과 거부감을 줄 수 있지만, 이 영화가 주는 낯섦은 신선하고 흥미롭다.

낯선 언어의 주인공은 바로 마테우스. 그는 뇌병변장애인이며 실존 인물이다. 영화의 엔딩 타이틀에 에바 피에타를 기리는 문구가 나오는데, 피에타는 마테우스의 이야기를 〈Jak motyl(나비처럼)〉이라는 제목의 다큐멘터리 영화로 제작해 그를 세상에 알린 인물이다. 그리고 〈라이프 필스 굿〉을 만든 마시에이 피에프르지카 감독은 먼저 세상을 떠난 친구 피에타의 다큐멘터리를 바탕으로 영화를 만들었다. 2014년 서울국제사랑영화제 개막작이었던 이 영화는 국내 개봉을 했지만 소리 소문 없이 내려졌다. 그러나 그렇게 묻히고 말기에는 너무나 아까운 작품이어서 숨은 보석을 꺼내 보이는 마음으로 이 영화 이야기를 적는다.

말을 못하는 어린 마테우스를 진찰한 의사는 그에게 정신적으로 문제가 있다고 엉터리로 진단을 해 버린다. 식물인간이나 다름없으니 특수시설에 보내 버리라는 무책임한 조언까지 덧붙여서. 의사에게 일말의 희망이라도 듣고 싶은 마테우스의 엄마는 자기가 점심을 준비할 때 아이가 흥분하곤 한다며 가능성을 피력해 보지만, 의사는 밥그릇을 보면 개도 꼬리를 흔든다며 엄마의 기대를 묵살해 버린다. 마테우스는 그렇게 '식물인간' 선고를 받는다.

인간이라는 경계의 밖으로 내몰린 마테우스에게 모든 순간은 저항이고 투쟁이다. 왜냐하면 어떻게든 경계 안으로 들어서야 하니까, 어떻게든 식물인간이 아님을 증명해 내야 하니까.

그가 생각하고 말하는 '인간'임을 아무도 인정해 주지 않는 세상에서 자신이 누구인지를 증명해 낼 기회를 기다리는 한 남자의 이야기는 그 밀도만큼 어둡고 무거울 수 있었다. 그러나 영화는 시종일관 담담한 어조와 유머를 잃지 않을 뿐만 아니라, 차마 웃을 수 없는 장면에서조차 관객에게 웃음이 빵 터지는 당황스러움을 선사하기도 한다.

"맘에 안 든다 싶을 때는 책상을 이렇게 쾅! 치는 거야."

아버지가 어린 마테우스에게 맨 처음 가르쳐 준 의사 표현은 예스가 아니라 노였다. 자기다움을 잃도록 강요하는 모든 것에 대해 과감히 저항할 수 있을 때 인간다운 품위가 지켜질 수 있는 것 아닐까. 순응이 아니라 거부, 복종이 아니라 저항으로 진정한 자신을 지키는 법을 마테우스는 아버지에게서 배운다. 배운 대로 마테우스는 온몸으로 부딪쳐 세상을 두드리며 끊임없이 자신의 존재를 증명하려 애쓴다.

드디어 그에게 때가 왔다. 자신을 증명할 기회가. 아이러니하게도 그가 가장 혹독한 시간을 견디고 있던 그때, 사냥감을 기다리는 맹수처럼 가장 맹렬해져 있던 그때 찾아왔다. 가족이 더이상 그를 돌볼 수 없게 되자 그는 결국 시설에 맡겨지는데, 그곳에서 고통에 딸려 온 사은품처럼 숨어 있던 새로운 기회를 만난다. 바로 그만의 언어를 사용할 수 있게 된 것이다.

졸라 부인은 소통이 어려운 장애인들을 대상으로 새로운 의사 전달 방법을 연구하고 있었다. 마테우스는 졸라 부인을 우연히 만난 뒤로 특별한 상징체계를 통한 소통 방법을 배우기 시작한다. 의미가 부여된 어떤 기호를 보여 주면 그것을 눈 깜빡임으로 선택하고 선택된 기호들을 글자처럼 읽는 것이다. 장 도미니크 보비가 〈잠수종과 나비〉를 쓴 방식이나 루게릭 장애를 가진 박승일 선수가 의사

소통하는 방식과도 비슷한데, 마테우스가 사용하는 상징체계는 문자가 아닌 독특한 기호들로 이루어져 있다. 아마 문자를 모르는 사람에게 더 유리한 방식일 터이다. 이 영화는 몇 개의 장으로 나뉘어 있고 각 장에 소제목이 달려 있는데, 소제목에 마테우스가 사용한 기호가 들어가 있다. 문자가 아니라 마치 수수께끼처럼, 고대의 상형문자처럼 기호화된 마테우스만의 언어 체계다.

자신만의 의사소통 방식을 갖게 된 마테우스가 맨 처음으로 사람들에게 건넨 말은 바로 "나는 식물인간이 아니에요!"였다. 그가 세상을 향해 수없이 온몸으로 던지던 말, 아무도 들으려고 하지 않았던 그 말,

나는 식물인간이 아니에요!!

함부로 식물인간으로 취급당하고 모든 순간 존재를 부정당하고 무시당하는 상황은 마테우스에겐 지옥과 다름없었을 것이다. 시설에서의 삶은 그에게 더더욱 가혹했는데, 수프를 떠먹이다 숟가락이 이에 부딪쳐 입술에 상처가 나자 시설 측은 그의 앞니를 생으로 뽑아 버린다. 안전과 보호라는 명목 아래 행해진 조치였다.

그런 혹독한 삶을 살아 낸 그에게 그 누구도 "Life is good"이라고 말할 수 없다. "Life is good"은 개념화된 명제에 불과하다. 객관적 상황만 있을 뿐 주체가 없고 수동적이다. 그러나 "Life feels good"은 어떤가. 삶을 좋다고 느끼는 주체를 전제한 말이다. 주관적이고 능동적이며 적극적이다. "Life is good"이 아니라 "Life feels good"이라고 바꿔 말하는 의지적인 주체의 적극적 저항이 담겨 있다. 영화의 원제는 〈Chce się żyć'(나는 살고 싶다)〉이지만 나는 원제보다 영어로 의역한 〈Life feels good〉이 훨씬 이 영화의 주제를 잘 표현해 냈다고 생각한다.

오른쪽 뺨을 때리면 왼쪽 뺨도 내주라는 성경 말씀이 있다. 이 말은 양쪽 뺨을 다 내주는 비굴한 순응이 아니라 두 뺨을 다 내놓고도 무너지지 않는 자존감, 가장 강력한 저항을 의미하는 것인지도 모른다. 생각해 보라. 오른쪽 뺨을 때리는데 왼쪽 뺨도 들이미는 사람을 대체 무슨 수로 굴복시킬 수 있단 말인가? 마찬가지로 혹독한 삶 앞에서 "Life feels good"이라고 말하는 사람을 대체 어떤 불행과 고통으로 좌절시킬 수 있단 말인가?

영화는 별을 바라보던 마테우스가 화면 밖 관객을 향해 두 눈을 깜빡이는 장면으로 끝이 난다. 그가 전하는 마지막 독백은 "내일도 좋은 날이 될 것이다"였다. 어떤 내일이 닥치더라도 좋은 날이 될 것이라고 선언하는 주체적인 인간 앞에 생은 어떤 모습으로 다가올 것인가. 그럼에도 불구하고 Life feels good! 이토록 아름다운 저항이라니, 이토록 강인한 삶의 주인이라니.

마테우스는 결코 장애를 극복하지 않았다. 역경을 넘어 고난을 넘어 운운하며 삶의 대단한 주인인 척하지도 않는다. 무언가를 특별히 잘하는 사람도 아니며, 범접할 수 없는 대인의 품성을 가진 사람도 아니다. 가슴 크기로 여자들 점수를 매기던 미숙한 소년 시절도 있었고, 자신도 장애당사자이면서 다른 지적장애인들을 무시하고 무례를 저지르기도 했던 평범 그 이상도 이하도 아닌 한 사람에 불과할 뿐이다. 이 영화의 미덕이 바로 여기에 있다. 장애를 가진 주인공의 삶을 우월한 비장애인의 시선으로 비하하거나 혹은 대단한 것처럼 과대 포장하지 않고, '함께' 살아가는 존재로서 자신이 거기 '있음'을 증명해 낸 한 인간의 저항기를 담담하고 유머 있게 보여 주었다는 것.

　　엔딩 타이틀이 오를 때 실제 주인공 마테우스와 그 역을 맡은 데이비드 가드너가 함께 있는 모습을 보여 주지 않았더라면 실제 주인공이 등장한 것으로 착각할 수도 있을 만큼 데이비드 가드너의 연기는 실로 놀라웠다. 그런 연기를 볼 수 있다는 것, 한 인간의 생에 대한 가장 아름다운 저항을 볼 수 있다는 것만으로도 이 영화는 충분히 빛난다.

좋아서 할 뿐,
웃기면 다행이고

"너 반에서 몇 등이나 하니?",
"넌 무슨 과목을 제일 잘해?"

어릴 적, 오랜만에 만난 어른들이 내게 자주 건네던 질문들이다.
생각해 보면 참 센스도 없고 성의도 없는, 아무 말 대잔치에 가까운
질문이었다. 그러고는 늘 약속이나 한 듯이 "넌 꿈이 뭐니?", "넌
커서 뭐가 되고 싶어?"와 같이 장래 희망을 묻는 말로 끝이 나곤
했다. 그때 내가 뭐라고 대답했는지는 잘 기억나지 않지만, 막연하
고 막막했던 기분은 또렷하게 떠오른다. 화가요, 약사요, 작가요,
대충 그런 대답이었을 텐데, 굳이 물어 놓고 어른들의 반응은 무심
하고 건성이었던 것도 선명하다. 어른들이 던지는 질문은 예전과
별다르지 않은데 요즘 아이들의 대답은 많이 변해서, 건물주나 연
예인이란다. 아마 요즘 아이들에게도 어린 시절의 나처럼 똑같이
막연하고 막막한 질문인가 보다.

왜 그런 질문이 그렇게도 막연하고 어렵게 여겨졌을까? 예나 지

금이나 시대와 시류에 걸맞은 사람으로 살기를 알게 모르게 강요당하느라, 정작 자기 자신이 진짜로 하고 싶은 것이 무엇인지 알아차리는 일에는 소홀했기 때문인지도 모른다. 그러다 보니 어른이 된 후에도, 나이가 아주 많이 들어서도 자신이 진짜로 무엇을 원하는지 모르고 사는 사람이 많다.

어쩌면 우리가 살면서 가장 예민하게 키워야 하는 능력은 자기 자신이 진짜로 원하는 것이 무엇인지 아는 능력인지도 모른다. 그런 의미에서 다큐멘터리 〈우린 아스퍼거인〉에 등장하는 네 명은 그런 능력을 가진 사람들이다. 모두 자기가 진짜로 원하는 것이 무엇인지를 알고 그 일에 도전하기 때문이다.

제목에서 드러나듯이 노아, 이튼, 잭, 뉴 마이클은 아스퍼거증후군을 가진 발달장애인이다. 그들은 아스퍼거증후군을 가진 어린이 캠프에서 만나 서로의 유머 감각을 알아차렸고, 함께 사람들을 웃기는 코미디언이 되기로 의기투합했다. '우린 아스퍼거인'이란 팀으로 함께하며 코미디 원고를 쓰고 공연 활동을 했으며, 이 다큐멘터리에서는 팀으로서 마지막 공연을 앞두고 준비하는 과정을 담았다.

아스퍼거증후군을 가진 네 명의 발달장애인, 그들이 코미디 공연을 준비한다. 자, 그럼 우리가 늘 봐 온 〈인간극장〉 같은 휴먼다큐라면 이 이야기를 어떻게 풀까? 짐작해 보면 대충, 네 사람이 성장하기까지 가족과 사회 속에서 겪어 왔던 과정을 최대한 힘겹게 그릴 것이다. 그들의 가족이 겪어야 했던 힘거운 과정, 희생 이야기, 슬펐던 이야기, 그리고 네 사람이 함께 공연을 준비하며 장애 때문에 발생하는 갈등들, "그럼에도 우와~ 대단해요!", "장애를 극복하고 해냈어요!", " 누군가의 희망이고 길이 되어 줄 거예요!"와 같은 메시지를 담은 이야기로 그려지리라는 것을 상상할 수 있을 것이다.

그런 상상과 기대를 하고 이 다큐를 보면 매우 싱겁고 건조하게 느껴질지도 모르겠다. "아이고, 세상에 얼마나 힘들었어?"라고 탄식할 만한 장면 하나 없고, "저러니 뭐가 되겠어?" 걱정할 만한 장면도 없이 그저 네 사람의 덤덤한 자기 이야기와 공연을 준비하는 과정이 시간순으로 이어진다. 그러니 기존의 휴먼다큐와 비슷한 전개를 예상한 사람에게는 아주 맹숭맹숭하고 심심하게 느껴질 수 있다.

주인공 가운데 한 사람인 뉴 마이클은 아주 예민하여 팀의 리더인 노아와 의견 충돌이 잦다. 부모나 가족이 집 안에 있으면 신경이 쓰여서 공연 연습을 못 할 정도인데, 멤버들은 그런 뉴 마이클을 이해하면서도 그렇게까지 예민하게 굴고 짜증스러워하는 모습에 다

144

공감하지는 못한다. 짜증이 극에 달한 뉴 마이클이 연습하던 중에 바깥으로 나가 버리기도 하고, 서로 다투기도 한다. 그런데도 그들은 서로의 면면을 너무 잘 이해하며, 감정이 격해질 땐 기다릴 줄도 안다. 그래서 갈등하지만 갈등하지 않는다.

이런 모습이 아스퍼거증후군을 가진 특별한 발달장애인들만의 이야기로 느껴지는가? 그냥 보통 사람이라 일컬어지는 비장애인들도 다들 그렇게 산다. 아스퍼거증후군을 가진 사람들이라고 해서 특별하게 그려질 이유가 전혀 없는 것이다. 그들의 부모도 마찬가지. 부모 앞에서는 조곤조곤 이야기하지 않는 아들에 대하여, 가족이 공연장에 나타나면 공연을 할 수 없다는 아들에 대하여 특별히 속상해하거나 난감해하지 않는다. 그냥 우리 아들은 그런 아이라고 있는 그대로 이해할 뿐이다.

"자폐인들도 웃길 수 있다는 걸 알리려는 게 핵심 아닌가요?"

카메라를 든 이가 팀의 리더인 노아에게 사심(?)을 가지고 묻자 노아가 아주 단호하게 그건 핵심이 아니라고 대답한다. 네 사람이 함께하는 이유는 자기들이 웃기고 이 일을 좋아하고 대중에게 보여 주고 싶어서라며 이렇게 덧붙인다.

"저흰 관객과 소통하고자 하는 게 아녜요. 저희의 목적은 저희가 즐겁기 위해 웃기는 거예요. 사람들도 즐겁다면 다행이고요. 그럴

지 않다면 애석한 거죠.”

자기가 하는 일에 대해 이보다 더 명료한 이유가 어디 있을까. 남들이 웃어 주면 더 좋겠지만 그러지 않는다고 해도 그저 우리가 좋아서 하는 일이라는 것이다. 노아의 이 명쾌한 답이 이 다큐멘터리를 관통하는 가장 큰 핵심이 아닐까.

노아의 방식대로 말하면 이제는 ‘우리도 할 수 있다’ 식으로 이야기를 하면 안 된다. 언제까지 우리도 할 수 있다며 ‘정상성’으로 대표되는 다수를 따라잡기만 할 것인가? ‘장애인도 할 수 있다’는 것을 보여 주기 위해, 누군가의 희망이 되기 위해, 마치 거대한 산을 넘듯이 신기록에 도전하는 선수처럼 장애의 장벽을 넘어서는 모습만 보여 주려다 정작 스스로 기쁘고 즐겁지 않다면 무슨 소용인가?

우리도 할 수 있다는 것을 증명해 내는 것보다 더 큰 능력은 자신이 진짜로 하고 싶은 것을 아는 능력, 하고 싶은 일을 하며 즐거워할 수 있는 능력이다. 그러므로 ‘우리도 할 수 있다’를 보여 주기 위해서가 아니라 ‘그냥 하고 싶은 걸 하라’는 적극적인 선언이 필요한 때가 되었다. 할 수 있고 해내야 하는 일보다, 하고 싶고 실패해도 두렵지 않은 일을 하려면 우선 필요한 것은 자신뿐 아니라 타인을 다수 안의 평균적인 존재로서가 아니라 개별적인 ‘한 사람’으로서 있는 그대로 볼 수 있는 눈이다.

노아는 마지막 인터뷰에서 자폐 교수인 스티븐 소아의 말을 인용한다.

"한 명의 자폐인을 만난 것은 한 명의 자폐인을 만난 것이다."

이는 우리 모두에게 적용되어야 하는 말이다. 한 사람을 만나는 것은 그저 한 사람을 만나는 것이다. 한 사람을 안다고 마치 모든 사람을 다 아는 것처럼 일반화해서도 안 되고, 고작 하나를 알면서 열을 아는 것처럼 오만해서도 안 된다.

그때는 맞고(?)
지금은 틀리기 위하여

"여자가 무슨 바깥일을 해? 집에서 애 키우고 살림이나 잘하면 되지!"

누군가 목청 돋워 이렇게 말한다면 십중팔구 주변의 날카로운 눈총을 받을 것이다.

"여자가 무슨 투표를 해? 여자가 나랏일을 알면 얼마나 안다고!"

요즘 세상에 감히 이런 말을 내뱉을 사람은 없을 것이다. 이제 이런 말들은 구시대의 낡은 생각 정도가 아니라 가당치도 않은 틀린 말이 되었다. 그런데 언제부터 이런 생각이 '틀린' 것이 되었을까?

나라마다 차이가 있지만, 여성의 노동권과 참정권이 두루 인정되기 시작한 것은 불과 100여 년 전부터였다. 심지어 사우디아라비아는 2015년에야 비로소 여성들이 참정권을 행사할 수 있었다. 그 당연한 권리를 쟁취하기 위해 수많은 여성이 너무도 길고 힘겨운 투쟁을 해야만 했다.

영화 〈서프러제트〉는 영국의 한 세탁 공장에서 일하던 모드 와츠가 여자라서 겪어야 하는 부당한 현실을 목격하고 여성 참정권 운동에 가담하면서 벌어지는 여성들의 투쟁과 연대를 다룬 이야기다. 서프러제트는 참정권을 뜻하는 'suffrage'에 여성을 뜻하는 접미사 '-ette'를 붙인 말로, 20세기 초 영국에서 일어난 여성 참정권 운동과 운동가들을 일컫는 용어다. 당초 에멀린 팽크허스트가 참정권 운동을 위해 1903년 결성한 여성사회정치연합(WSPU)을 〈데일리 메일〉 지가 경멸조로 표현한 말이었다고 한다.

서프러제트 운동 과정에 많은 여성이 고문을 당하거나 옥고를 치렀으며, 운동에 가담한다는 이유로 가족에게 외면당하거나 버림을 받았다. 또 기꺼이 자신의 목숨을 던져 세상을 향해 권리를 외치며 죽어 간 이도 있다. 여성의 참정권, 그 당연한 권리를 위해서. 고작 염색체 조합 중 Y 염색체 하나 다른 성별, 대체 그게 뭐라고 존재를 인정받기 위해 그렇게 처절하게 투쟁해야 했단 말인가.

〈서프러제트〉를 언급하다 보면 마치 연작처럼 떠오르는 영화가 있는데, 바로 〈에놀라 홈즈〉다. 홈즈? 어디서 많이 들어 봤다 했더니 셜록 홈즈의 막냇동생이란다! 오빠의 유명세에 묻어가는 가족 찬스 같기도 하지만, 그 친근함 때문에 기대감이 커지니 제목만 놓고 보면 일단 성공한 셈이다.

〈에놀라 홈즈〉가 〈서프러제트〉의 연작처럼 느껴지는 한 가지 이유는 두 영화 모두 헬레나 본햄 카터가 출연해서이다. 〈서프러제트〉에서는 여성 참정권 운동가 이디스 역으로, 〈에놀라 홈즈〉에서는 에놀라의 엄마 유도리아 홈즈 역으로 등장한다. 게다가 유도리아는 은밀히 활동하는 여성 참정권 운동가이니, 두 캐릭터는 닮은 점이 많다.

시대를 앞서가는 엄마, 유도리아는 에놀라를 주체적이고 진보적인 여성으로 성장시키기 위해 수수께끼 같은 단서들을 남기고 어느 날 갑자기 사라져 버린다. 단서들을 찾고 해석해 엄마를 좇는 에놀라의 모험 속에 그 시대 여성의 한계를 넘어서는 이야기가 흥미롭게 펼쳐진다.

"당신은 세상을 바꾸는 데 아무런 관심이 없기 때문이에요. 본인에겐 이미 딱 좋은 세상이라서!"

유도리아의 든든한 친구이자 주짓수 선생님인 이디스가 셜록에게 던지는 강력한 대사다. 집을 나간 것도 모자라 여성 참정권 운동이라니, 셜록으로선 어머니를 도무지 이해할 수 없어서 막 열을 올리던 참이었다.

본인에겐 이미 딱 좋은 세상이라 화낼 필요도, 싸울 필요도 없는 사람이 어디 그 시대의 남성뿐이랴. 지하철역마다 엘리베이터가 설치되고 저상버스가 도입되기까지 장애인들이 길고 험난한 이동권 투쟁을 이어 오는 동안, 얼마나 많은 비장애인이 셜록 같았을까. 남성 위주의 사회에서 여성이 겪는 차별과 불편이 먼지만큼도 인식되지 않았던 것처럼, 비장애인 위주의 사회에서 장애인의 존재는 얼마나 무시되고 배제되어 왔는가.

지하철 리프트를 타다가 추락해 목숨을 잃어도 상응하는 조치와 정당한 판결은 이루어지지 않고 그저 장애인 한 개인의 불운이나 실수로 치부되곤 한다. 또, 목숨을 걸어야 하는 위험한 리프트 말고 엘리베이터 설치를 요구하는 장애인 이동권 투쟁에 대해서는 시민의 정당한 시위가 아니라 업무 방해로 취급되는 것이 현실이다.

"장애인이 뭐하러 나와서 민폐야? 집에나 있을 것이지!"

이 말은 다음의 말과 다른가?

"여자가 무슨 바깥일을 해? 집에서 애 키우고 살림이나 잘하면 되지!"

후자는 이제 몰상식한 망언으로 여겨지지만, 전자는 장애인들이 여전히 듣는 말이다. 설마 그럴 리가 있나 싶으신가? 아니다, 결코 그렇지 않다! 붐비는 지하철에서 여전히 종종 내 귀에 꽂혀 오는 말이며, 법적 고용률에도 못 미치는 저조한 장애인 고용률이 그 명백한 증거다.

여성의 참정권이 당연하게 여겨지는 만큼 장애인의 참정권, 장애인의 이동권도 당연하게 여겨지는가? 현실은 역시 아니다. 선거 때마다 제기되는 접근 불가능한 투표소, 장애 유형에 맞게 제공되지 않는 부적합한 투표용지 등에 대한 문제는 여전히 장애인이 투표하는 것이 당연하지 않은 사회의 단면이다. 또 정당한 이동권 요구를 업무 방해로 여기는 후진적 인식은 여전히 장애인 이동권이 당연하지 않은 사회라는 증거다.

　그러나 〈서프러제트〉나 〈에놀라 홈즈〉에서 볼 수 있듯 여성들의 치열한 투쟁이 있었기에 100년 후의 세상은 이만큼 달라졌다. 이 시대에도 여전히 싸우는 사람들이 있고, 지금껏 그래 왔듯 그들이 새 시대를 열고 변화를 만들어 갈 것이다. 다만 새로운 변화는 영화 속 시간만큼 너무 오래 걸리지는 않았으면 좋겠다.

　사실, 지금 틀린 것은 미래에도 틀린 것이다!

그래도 당신,
아무튼 당신

다음 영화 속 주인공 가운데 나머지와 성격이 다른 하나는 누구일까?

1. 〈스트롱거〉의 제프 바우만
2. 〈돈 워리〉의 존 캘러핸
3. 〈아무튼, 아담〉의 아담
4. 〈밀리언 달러 베이비〉의 매기 피츠제럴드

"참 쉽죠잉~" 이 영화들을 모두 봤다면 이런 탄성이 나올 만큼 쉬웠을 텐데. 그래서 정답은? 4번, 〈밀리언 달러 베이비〉의 매기 피츠제럴드이다.

보기에서 제시한 네 편 모두 예기치 않은 사고로 장애를 입게 된 주인공의 이야기를 다루었다. 그러나 제프 바우만, 존 캘러핸, 아담 이 세 사람의 선택과 매기 피츠제럴드의 선택은 달랐다. 그들은 과연 어떻게 다른 선택을 했을까?

〈스트롱거〉는 2013년 보스턴 마라톤대회 폭탄 테러 사건으로 두 다리를 잃은 제프 바우만의 실화를 바탕으로 했다. 압력솥이 그토록 무서운 폭탄이 될 수도 있다는 사실을 알게 해 준, 폭탄 테러가 생중계되었던 그 사건 말이다. 압력솥으로 폭탄을 만들다니, 무고한 사람들에게 그런 끔찍한 테러를 저지르다니… 이렇게 짧은 탄식을 하고 시간이 흐르면서 무디게 잊혀졌을 그날이 한 생존자의 실화를 통해 생생해진다. 사랑에 설레던 건강한 한 남자의 일상이 무너져 내린 역사적인 그날로 우리를 데리고 간다.

대형 마켓에서 치킨을 팔며 엄마와 함께 사는 제프는 여자 친구와 만나고 헤어지기를 반복하며 풋사랑에 애를 태우는 평범한 남자다. 그날 하필 테러 현장에 있었다는 사실 말고는 우리처럼 보통 사람이었던 그는 보스턴 마라톤대회에 참가한 여자 친구 에린을 응원하러 갔다가 그만 테러의 목격자이며 생존자가 되었다. 폭탄이 터진 현장에 있다가 두 다리가 폭발과 함께 날아가 버린 것이다.

이 영화는 하루아침에 두 다리를 잃어버린 제프가 자신의 장애를 받아들이고 한 남자로서 성장해 가는 이야기를 그렸다. 주인공은 무려 제이크 질렌할이다!(내가 좋아하는 배우라 '무려'라는 표현을 쓴다.) 제목이 말하듯 장애 여부를 떠나 진짜로 '강한 사람'이란 어떤 사람인가를 묻는 영화다.

　제프는 테러의 생존자이면서 목격자로서 대대적으로 뉴스에 보도되며 보스턴의 영웅으로 칭송받는다. 중상을 입은 가운데서도 자신이 목격한 테러범에 대해 용기 있게 증언한 그를 온 국민이 영웅으로 칭송한다. 그리고 아들의 장애를 인정할 수 없던 어머니는 아들에게 부여된 영웅이란 허상을 즐기고 이용한다. 그러나 결국 제프는 영웅이 아닌, 평범한 남자의 모습을 보여 준다. 주어진 삶을 기꺼이 받아들이고 성장해 가는 평범한 남자의 모습 말이다.

　〈돈 워리〉 역시 미국의 유명한 카투니스트였던 존 캘러한의 실화를 바탕으로 했으며, 〈조커〉의 호아킨 피닉스가 존 캘러한을 연기했다. 이 영화에서 존의 문제는 장애를 입은 몸에 있지 않았다. 사고로 장애를 갖기 전부터 존은 이미 알코올에 심하게 의존하는 알코올중독자였고, 마약과 술에 빠져 늘 휘청이고 있었다. 사고도 예견된 것이나 마찬가지. 술에 만취한 친구가 운전하는 차의 조수석에 그 역시 만취 상태로 탔다가 사고를 당했다. 영화는 사고로 사지가 마비된 존이 장애를 '극복'하고 재활하는 이야기에 초점을 맞추지 않는다. 그가 알코올에 중독될 수밖에 없었던 불행했던 상황, 자신을 불행하게 만든 어머니와 스스로를 불행 속으로 이끈 자기 자신을 용서하고 자유로워지기까지의 여정을 그렸다.

존을 옭아매고 있던 것은 움직일 수 없는 육체가 아니라 그의 마음이었다. 영화에서 존은 육체를 넘어 자신을 내려놓는 자유를 누리는 한 사람으로서 장애를 받아들인다. 육체에 갇히지 않는 인간의 자유에 관한 이야기를 다소 종교적이고 철학적으로 다룬 작품이다.

세 번째 주인공은 〈아무튼, 아담〉의 아담이다. 건강하고, 승진을 눈앞에 둘 만큼 능력으로도 인정받은 소위 잘나가는 남자였다. 그러나 그 역시 뜻하지 않은 사고로 장애를 입는다. 어느 날 갑자기 장애라는 인생의 대격변을 맞으며 삶의 모든 방식이 달라지지만 변함 없이 가치 있는 존재 그대로, '아무튼, 아담'으로서 새로운 삶을 시작하는 남자의 인생 적응기다.

자, 그럼 이제 서두에서 냈던 문제의 정답인 〈밀리언 달러 베이비〉의 매기 피츠제럴드를 만나 보자. 〈밀리언 달러 베이비〉는 배우이면서 거장 감독으로도 인정받는 클린트 이스트우드가 출연, 감독했으며, 〈용서받지 못한 자〉 이후로 그에게 두 번째 아카데미상을 안겨 준 영화다.

주인공 매기는 복서다. 남들보다 한참 늦은 서른한 살에 권투를 시작한 그녀를 권투 매니저 프랭키는 처음엔 받아 주지도 않는다. 그러나 식당 서빙을 하며 어렵게 가족을 부양하면서도 권투의 꿈을 놓지 않는 매기의 근성과 열정에 마음을 열고, 결국 그녀의 매니저가 된다.

강력한 신인 복서로서 승승장구하던 매기. 그러나 한 체급을 올려 챔피언에 도전한 대망의 경기에서 상대의 반칙으로 큰 부상을 당하고 만다. 경추 손상으로 목 아래로는 아무것도 움직일 수 없게 된 매기. 그녀 역시 앞에서 만난 다른 주인공들처럼 뜻밖의 사고로 장애를 갖게 된 것이다.

그러나 그녀의 선택은 앞의 주인공들과는 사뭇 다르다. 바로 장애를 가지고 사는 삶 대신 죽음으로써 운명을 거부하는 것. 〈록키〉 같은 권투 영화를 예상했다가 장애 앞에서 죽음을 갈구하는 그녀의 이야기에 이르면 순간 '이게 뭐지?' 당황하게 하는 반전이라면 반전인 영화다.

매기가 부상을 당하기 전, 매기는 프랭키에게 자신의 가족이 키우던 강아지 엑셀의 이야기를 들려준다. 두 다리를 잃은 엑셀이 네 발로 걷지 못하고 두 다리로 바닥을 쓸고 다닐 때 그것을 보고 가족들이 웃었다고. 그리고 어느 날 아버지가 엑셀을 데리고 나갔는데 돌아올 때는 혼자였고 한 손에는 흙 묻은 삽이 들려 있었다고. 이 이야기는 나중에 매기 자신의 이야기가 된다.

매기는 키우던 강아지 엑셀이 바닥을 기어 다니는 모습을 받아들이지 못했던 것처럼 자기 자신을 받아들이지 못한다. 그리고 마지막으로 프랭키에게 간절히 애원한다. 아버지가 엑셀에게 했듯 자기에게도 그렇게 해 달라고. 자신의 혀를 몇 번이고 깨물어서라도 죽음을 갈구했던 매기의 고통을 차마 더는 지켜볼 수 없었던 프랭키는 아버지의 마음으로 매기의 안락사를 결행하고 매기는 결국 죽음에 이른다.

클린트 이스트우드는 왜 이 영화의 제목을 〈밀리언 달러 베이비〉라고 했을까? 제2차 세계대전에 참전했던 미국 공군들 사이에서 전투기에 그림을 그려 넣는 것이 유행이었는데 이를 '노즈 아트(nose art)'라고 하고, '밀리언 달러 베이비'는 여성을 그린 노즈 아트의 한 유형이었다고 한다. 또한, '밀리언 달러 베이비'는 대전료 1백만 달러짜리 빅매치를 이르는 말이기도 하다. 이 영화가 말하는 '밀리언 달러 베이비'라 할 만한 빅매치는 바로 매기가 홀로 맞닥뜨린 삶이 아니었을까?

영화에서 프랭키의 친구인 에디가 말한다.

"인생을 살다 보면 질 때도 있는 거야. 거기에 굴하지 않고 일어나야 진정한 챔피언이 되지."

매기는 자신이 맞닥뜨린 최고의 빅매치에서 운명을 거부하는 쪽을 선택한다. 그러나 장애가 있는 새로운 삶을 받아들이는 것, 즉 운명을 받아들이는 것이 이기는 것인지, 차라리 죽음으로써 운명을 거부하는 것이 이기는 것인지는 잘 모르겠다.

〈아무튼, 아담〉에서 자신의 장애를 받아들일 수 없어 힘겨워하는 아담에게 간병인 예브지나가 너무나 가난해서 자신이 가장 아끼던 개를 잡아먹어야만 했던 참혹한 시절을 이야기하며 이렇게 덧붙인다.

"인생은 누구에게나 끔찍한 순간이 있어요. 우리는 매일 눈을 뜨고 선택을 해요. (중략) 전 희생자일까요, 생존자일까요? 답은 간단해요. 전 선택을 했고, 살아남았어요."

아담은 결국 인생의 끔찍한 순간에 희생자가 아닌 생존자의 삶을 선택하고, 장애를 가지고 살아야 하는 새로운 삶을 운명으로 받아들인다. 장애로 인해 모든 것이 달라졌을지라도 그는 여전히 가치 있고 의미 있는 존재임을, 아무튼 아담임을 그 자신으로써 증명한다.

자, 그럼 아담은 운명과의 빅매치에서 이긴 것인가, 진 것인가? 장애를 떠나 강인한 한 남자로서 성장하며 살아남은 제프 바우만은 승자인가, 패자인가? 육체를 넘어 마음의 굴레에서 자유로워지는 삶을 선택한 존 캘러한은 승자인가, 패자인가? 어쩌면 매 순간이 선택이고 전 생애에 걸쳐 '밀리언 달러 베이비급' 빅매치의 링

위에 서는 것이 우리네 삶인지도 모른다. 당신은 생의 빅매치에서 어떤 선택을 한 주인공을 응원하겠는가?

여담으로, 〈밀리언 달러 베이비〉에서 프랭키는 매기에게 '모쿠슐라(Mo Cuishle)'라는 게일어 이름을 붙여 준다. 그 의미를 궁금해하는 매기에게 내내 알려 주지 않다가 죽음을 맞는 매기의 귀에 대고 비로소 속삭여 준다. 모쿠슐라는 '나의 사랑, 나의 혈육'이라는 뜻이라고. 프랭키가 매기를 딸처럼 사랑했음을 보여 주는 감동적인 장면이었다. 모쿠슐라, 〈아무튼, 아담〉에도 나오는데 타이틀에 제작사의 이름으로 등장한다. 이런 우연이 있나! 나는 그것을 영화 〈밀리언 달러 베이비〉에 대한 또 다른 반론 제기로 읽었다.

별이 된 남자,
스티븐 호킹

2018년 3월 14일 스티븐 호킹이 세상을 떠났을 때 많은 사람들이 그를 통해 루게릭을 알았다. "평생 휠체어에 묶여 있었지만", "평생 휠체어에 앉은 채", "루게릭을 앓았지만", "장애에도 불구하고", "루게릭을 이기고" 등등 언론들은 그의 타계 소식을 전하며 그가 가진 장애 '루게릭'을 조명했다. 짐작건대 그가 과학자로서 이룬 업적과 그의 저서 〈시간의 역사〉보다 루게릭이 훨씬 더 많이 다뤄졌을 것이다. 언론들은 아주 친절하게도 "그렇다면 스티븐 호킹을 괴롭혔던 그 루게릭이란 게 뭐냐면 말이지…"라는 투로 루게릭을 길게 설명하거나, 심지어는 호킹과는 별도로 '루게릭이란 무엇인가'를 다루는 어이없는 행태를 보이기도 했다.

영국 케임브리지에서 거행된 호킹의 장례식에는 영화 〈사랑에 관한 모든 것〉에서 호킹 역을 맡았던 배우 에디 레드메인이 추도사를 읽었다. 호킹의 장례식 소식을 들으며 그 영화를 떠올리지 않을 수 없었다.

나만 그런가? 처음에 이 영화를 봤을 때는 에디 레드메인의 연기가 너무나 엄청나서 스티븐 호킹이 보이지 않았다. 〈말아톤〉을 봤을 때 조승우의 연기에 넋을 놓느라 배형진의 이야기가 잘 보이지 않았던 것과 마찬가지로. 레드메인의 연기를 보고 있자면 마치 호킹을 연기하기 위해 태어난 사람처럼 생김새부터 사소한 표정까지 모두 호킹 그 자체여서 매 순간 놀라지 않을 수 없었다. 그런데 그것이 바로 이 영화 최고의 장점이자 심각한 단점이기도 하다. 관객의 관심을 호킹이 아니라 레드메인이 블랙홀처럼 흡수해 버리기 때문이다. 게다가 그는 신들린 호킹 역으로 아카데미 남우주연상까지 받지 않았던가. 그래서 더욱 레드메인이 도드라져 보이는 영화가 되었다.

이 영화는 제목부터 벌써 시비를 걸고 싶어진다. 〈The theory of everything〉이라고 되어 있는 원제를 우리나라 제목으로는 〈사랑에 관한 모든 것〉으로 말도 안 되게 바꾸어 달았기 때문이다. 원제를 바꾸어 놓은 그 시선이 심히 마뜩잖은 이유는 '장애인의 사랑'이라는 뭔가 특별해 보이는 감동 코드를 부각시켜 관객을 더 많이 불러 모으려는 얄팍한 계산속이 훤히 읽혀서다.

그 계산속이 역시 통하긴 했나 보다. 영화 후기를 보니 굉장히 감동적인 사랑 이야기를 기대하고 보았다는 이들이 대다수였으니 말이다. 자기가 모르는 '사랑에 관한' 뭔가가 있진 않을까 꽤 그럴듯한 정답을 기대했는데, 눈물겨운 감동을 기대했는데, 보고 난 사람들 대부분은 실망했단다. 그들이 바라고 기대하던 특별하고, 헌신적이며, '그럼에도 불구하고'의 사랑은 없었기 때문이란다. 그러나 나는 그들과는 반대로 그 '특별하지 않음'이 좋다.

"어떻게 사랑이 변하니?"

영화 〈봄날은 간다〉에서 유지태가 한 이 말이 많은 사람들의 공감을 얻었다. 그러고 보면 사람들은 참 이상하다. 자기들은 정작 그런 사랑을 하지도 못하면서 영화 속 주인공들은 '변하지 않는', '그럼에도 불구하고'의 사랑을 해 주길 기대하니 말이다.

영화 〈사랑에 관한 모든 것〉에 대한 어떤 사람의 평이 바로 그랬다. 그는 헌신적이었던 아내 말고 간호사에게 마음을 돌린 스티븐 호킹에 대해 매우 분개했다. 호킹의 배신이라면서, 그게 무슨 사랑에 관한 모든 것이냐고.

"어떻게 멀쩡하지도 않은 남편을 놔두고 그럴 수가 있어?" 혹은 "어떻게 '장애에도 불구하고' 자기한테 그렇게 헌신적이었던 아내를 저버릴 수가 있어?"

사람들이 말하는 사랑은 때로는 매우 엄격하고 단단한 도덕률에 가둬 두고 바라보는, 지극히 경외스러운 박제 같다. 그러나 인간의 사랑이란 것이 과연 그런가? 그럴 수 있기는 한가? 계산할 수 없고 때로는 극히 비합리적이면서도 비이성적이고, 또 때로는 인간의 한계를 훌쩍 넘어서게도 하는 불가해한 어떤 것이 바로 사랑 아닌가? 엄밀히 말하면 사랑이 변하는 것이 아니라 인간이 변하는 것이다. 영화 〈사랑에 관한 모든 것〉은 이렇게 변할 수 있고 변해 가는, '순간'을 사는 사람들을 아주 담담히 그렸다.

영화 속에서 호킹이 루게릭을 받아들이는 방식 역시 담담하다. 사람들이 좋아하는, 울고불고 좌절하고 방황하다 역경을 이겨 내는 방식으로 진부하게 그리지 않았다. 의사가 2년밖에 살지 못한다고 선고를 내렸으니 그 2년 동안 자기가 하던 연구를 마무리해야 한다는 조바심으로 괴로워하긴 한다. 역시 학자답다. 여자 친구 제인과의 결혼도 '반대를 무릅쓰고' 하는 것이 아니라 그냥 대체적으로 자연스럽게 이루어진다. 결혼 생활을 이어 가는 모습도 주저리주저리 고통이고 헌신이고 따위의 모습이 아니다. 아내 제인이 힘든 것은 아이들을 키우고 살림을 도맡아 하는 전업주부로서 남편의 활동지원까지 감당해야 하니 일이 버겁기 때문이다. 그러다 제인은 이들 부부를 도와주는 조너선과 사랑에 빠졌고, 호킹 또한 간호사에게 마음을 주게 된다.

164

누가 누구를 위해서 헌신했거나, 누구 때문에 희생했거나 하는 사랑이 아니었다. 장애에도 불구하고 사랑한 천사와 부족한 인간의 사랑도 아니었다. 그저 자연스럽게 마음이 흘러가는 대로 순간순간 최선을 다해 사랑한 사람들의 이야기일 뿐이다.

사람들이 생각하는 것처럼 '장애에도 불구하고 사랑해 준' 사람에 대한 보답으로 사랑하는 척 사는 것도 아니고, '불쌍하게 장애가 있는' 남편을 버리는 여자가 되기 싫어서 억지로 부부 생활을 이어 가는 것도 아니다. 누가 나빠서도 아니고 누가 배신을 해서도 아닌, 그냥 그렇게 되어 가는 모든 순간에 충실한 사랑일 뿐이다.

호킹은 사람들이 말하듯 루게릭에 묶여 살지도, 장애에 갇혀 살지도 않았다. 그는 시간의 기원을 찾고 우주의 원리를 발견하려 애쓰며 수없는 수식 속에 살았지만, 삶만큼은 수식처럼 계산되지 않고 예측할 수 없는 신비의 영역을 살았다. 우리 모두의 삶 역시 그렇다. 예측할 수 없고 계산될 수도 없기 때문에 훨씬 더 경이롭고 신비한 것임을 호킹이 삶으로 증명해 주었다.

의사는 그의 지식에 따라 2년 남았다고 경고했지만 호킹은 55년이란 기적의 삶을 이루지 않았던가. 2년이든 55년이든, 그는 그저 신비에 자신을 한껏 내려놓고 매 순간 최선을 다했을 뿐이다. 그게 그의 삶을 완성시켰다.

영화의 원제목이 말하는, 영화 전체를 관통하는 하나의 원리는 '변하지 않는 사랑'도 아니고 '인간이 앙망하는 영구불변의 어떤 것'도 아니고 '우린 그저 순간을 살 뿐이라는 것'이다. 그러니 순간 순간 최선을 다해 살아 내야 한다는 것, 이보다 확실하고 단순명료한 이론이 또 있을까.

영화 속 호킹은 자신이 발표한 이론이 틀렸다는 데에도 심각하게 얽매이지 않는다. 자신이 틀렸음을 담담히 인정하고 그 '틀림'을 증명하려 또다시 새롭게 출발하며, 그렇게 매 순간 담담하고 자유롭게 살아간다.

어디에도 얽매이지 않고 자유로운 삶을 산 호킹의 생애를 두고 '장애에 갇힌' 사람인 것처럼 떠들어 대는 것은 그의 생애에 대한 무례가 아닐까. 별이 된 한 남자의 생을 다시 기억하며, 매 순간 뜨겁게 이 별을 살다 간 그의 열정에 진심 어린 존경심을 담아 마지막 박수를 보낸다.

당신은 정말
살아 숨 쉬고 있습니까?

영화 한 편 보기가 이렇게 힘들 줄이야! 상영관 찾기도 쉽지 않았을 뿐만 아니라 겨우 찾았더니 특별한 은총이나 베푸는 양 하루 딱 한 번, 그것도 이른 아침이나 늦은 밤에 상영하는 바람에 도통 나와는 인연이 닿지 않는 '하늘의 별 따기'만큼 보기 어려운 영화였다. 관객의 선택권보다 메이저 영화사나 배급사가 선택을 강요하는 모양새인 우리나라 상영관 문제에 대해서는 불만이 이만저만이 아니지만, 이 영화를 만나기가 얼마나 어려웠는지 정도만 짧게 언급하고 패스. 아무튼, 너무도 힘들고 어렵게 본 영화는 〈달링〉이었다.

그저 그런 멜로영화겠지. 포스터와 제목을 보고 많은 사람들이 그렇게 짐작하지 않았을까 싶다. 그래서 관객들이 별로 기대하지 않고 찾아보지 않으니 인기 영화에 자리를 내주고 이른 아침과 늦은 밤으로 상영 시간이 밀려난 건 아니었을까. 그런 거라면 참 억울한 영화다. 제목처럼 말랑말랑한 멜로영화가 전혀 아닌데도, 이 영

167

화 역시 스티븐 호킹의 삶을 다룬 〈사랑에 관한 모든 것〉처럼 제목을 잘못 만났다. 아마 이유도 다르지 않을 것이다. 장애를 가진 주인공의 '그럼에도 불구하고'의 사랑을 부각시키려는 장삿속 말이다. 그러나 결코 그렇게 말랑하게만 보고 넘겨 버리는 영화가 되지 않았으면 좋겠다.

영화의 원제는 〈Breath〉, '숨'이다. 숨… 우리가 살아 숨 쉬고 있는 이 순간, 우리는 정말 살아 있는가, 정말 살아 있는 게 무엇인지에 대해 묻는 영화다. 만약, 이 영화의 한국어 제목을 달 때 장애당사자에게 의견을 물었다면 내용과는 동떨어진 '달링'이라는 제목에 찬성하지 않았을 것이다. 철저히 비장애인이 비장애인의 시각으로 해석했기 때문에 이런 당치도 않은 제목을 단 것 아닐까. 그런 제목을 단 배급사의 취지에 부합하듯, 몇몇 관객들이 "멀쩡한 사람으로서 부끄럽다"는 식의 후기를 올려서 실소가 나왔다. 이 영화는 멀쩡한 사람들더러 왜 열심히 안 사느냐고 채근하기 위한 영화가 아니다. 또 '그럼에도 불구하고', '전신마비에도 불구하고' 남편을 떠나지 않은 비장애인 아내의 '대단한 사랑'을 그린 영화도 아니다. '진정으로 살아 있기를' 바랐던 한 남자의 고군분투가 담긴 영화다.

그 남자는 바로 로빈. 1950년대, 케냐에서 자동차 중개무역을 하던 로빈은 다이애나를 만나서 결혼을 하고 아름다운 미래를 꿈꾸며 달콤한 신혼에 빠져 있던 평범한 남자다. 그런 그가 어느 날 갑자기 폴리오 바이러스에 감염되었고, 그로 인해 온몸이 마비돼 숨조차 스스로 쉬지 못하고 기계에 의지한 채 연명하게 된다.

의사에게 있어 로빈은 그저 기계에 의지해야만 생명을 유지할 수 있는 '중환자'일 뿐이다. 매일 아침 간호사가 와서 호흡기를 체크하고 호스에 낀 가래를 제거해 주고 몸을 닦아 주는 환자로서의 일상 이외에 가끔 찾아오는 아내와 친구들의 걱정스런 눈빛을 받아 내는 일이 전부다. 기계적인 '숨'만 붙어 있을 뿐 모든 게 멈춰 버린 절망 속에서 로빈은 외친다. 제발 나를 죽여 달라고.

그럴 때 로빈의 바로 그 '달링', 아내 다이애나가 큰 결단을 내린다. 남편을 병원이 아닌 집으로 데리고 가는 것. 그러나 주치의가 절대 허락지 않는다. 병원을 벗어나 혹시나 위급한 상황이 발생한다면 로빈은 죽고 만다는 것이 그 이유다. 그러나 로빈도 다이애나도 기계적인 생명을 연명하는 중환자로 살기보다, 설령 위험하더라도 환자가 아닌 한 사람으로 살기를 고집한다. 결국 그에 동조하는 몇몇 의사와 간호사들의 도움으로 무사히 병원을 탈출! 이제부터 환자가 아닌 로빈의 새 삶이 시작되는 것이다.

물론 가끔은 위급한 상황도 겪는다. 그러나 그것을 이기는 안도와 기쁨도 있다. 그리고 무엇보다, 죽여 달라고 외치던 로빈의 입가에 비로소 웃음이 깃든다. 아들 조너선의 성장에 따른 소소한 기쁨들이 있고, 때때로 찾아와 그를 웃게 하는 친구들 덕분에 충만한 관계의 기쁨도 누린다. 떠들썩하게 웃고 사랑하고 관계 맺는 가운데 이제 로빈은 단순히 '숨 쉬는' 것이 아닌 비로소 '살아 있는' 사람이 된다.

살며 겪는 불편함들을 친구들과 나누다 보니 친구들로부터 좋은 아이디어들을 속속 얻기도 한다. 머리만 움직일 수 있는 로빈에게 머리를 살짝 움직이면 칠 수 있는 종을 달아 주기도 하고, 침대째 들고 밖으로 이동하다가 호흡기를 달아 자가 충전하며 이동할 수 있는 휠체어를 고안해 내기도 한다. 이처럼 쓸모 있고 멋진 아이디어들은 진심으로 로빈을 생각하는 친구들이 로빈의 불편을 직접 목격하면서 만들어졌다. 휠체어가 생기자 로빈의 욕구는 침대 밖으로까지 넓어진다. 그랬더니 덜컥 그의 앞에 휠체어를 실을 수 있도록 개조된 자동차가 등장한다. 그렇게 그는 침대를 나와 집 밖으로, 집 밖을 나와 전국 곳곳으로 향한다. 더 먼 곳에 대한 바람이 커지니 이젠 개조된 비행기를 타고 외국까지 반경을 넓혀 나간다. 그야말로 이동권의 확장이다.

로빈이 그토록 가고 싶어 했던 스페인에서 펼쳐지는 에피소드가

이 영화에서 가장 아름답고 인상 깊은 장면이다. 스페인에 도착해 차를 타고 달리던 중, 친구의 실수로 호흡기가 고장나 버린다. 호흡기를 고치러 누군가 오기까지는 꼬박 하루가 걸리는 난감한 상황. 아내 다이애나와 아들 조너선이 번갈아 가며 수동으로 앰부를 펌핑하며 버티는 그 상황에서도 지나가던 스페인 사람들과 밤새도록 모닥불가에 앉아 노래하고 춤추며 떠들썩한 파티로 만들어 버리는 그 장면은 '살아 있음'에 대한 순전한 아름다움의 극치를 보여 준다.

휠체어에 호흡기를 달고 어디든 이동하는 로빈의 모습은 같은 장애를 가진 사람들과 장애인 단체에 큰 감명과 영감을 주었다. 그래서 특별 모금과 후원을 받아 로빈의 휠체어는 어엿한 제품으로 생산되기에 이른다. 그 덕분에 병원에 누워만 있던 중환자들이 침대에서 나와 휠체어에 앉아 이동할 수 있게 되는 획기적인 변화가 일어난다. 기계적으로 숨만 쉬던 사람들이 진정한 삶의 현장으로 나올 수 있게 된 '혁명'이 로빈으로부터 시작된 것이다. 장애인의 이동권과 '사람답게 살 권리'를 날 선 투쟁의 모습이 아니라 사람들과 함께하는 연대의 모습으로 따뜻하게 그렸다. 그러면서도 메시지는 투쟁의 구호만큼이나 분명하고 날카롭다.

이 영화의 제작자 조너선 케번디시는 주인공 로빈 케번디시의 아들이다. 아버지를 그리워하며 존경과 사랑의 마음을 담아 만든 영화라는 것을 마지막 자막을 통해 알게 되고 나면 더 뭉클해진다. 살아 숨 쉬는 모든 순간, 그저 숨만 쉬는 기계적인 삶이 아니라 삶의 결 한 올 한 올을 매 순간 섬세하게 느끼고, 즐기고, 진심으로 소통하며 원하는 것들을 성취해 가는 것, 그게 바로 진짜로 '살아 있는 것'이라고 힘주어 말하는 영화다. 영화가 던지는 진정한 삶에 관한 물음표를 되새기며, 살아 숨 쉬고 누리는 진정한 삶을 향해 한 걸음 더 내딛는 오늘이기를.

다시 〈그녀에게〉

페드로 알모도바르 감독의 영화 〈그녀에게〉는 아주 오래전에 보았다. 의식이 천상의 어디쯤을 향해 있는 듯 그윽한 표정을 지은 알리샤의 옆모습이 너무도 매혹적이어서 선택했던 영화였다. 최근 한 영화 프로그램에서 배우 김영민이 '숨어 보는 명작'으로 〈그녀에게〉를 꼽으면서 그만의 감성으로 영화 이야기를 들려준 것이 인상 깊었다. 진지하면서도 들뜬 표정으로 자신이 좋아하는 영화 이야기를 하는 그의 소년 같은 모습에 마치 처음 듣는 영화 이야기처럼 나도 모르게 집중이 됐다. 다시 보면 또 어떤 느낌일까? 그래서 다시 찾아보게 된 영화, 〈그녀에게〉를 이야기하려고 한다.

우연히 창밖으로 발레학원을 엿보다 첫눈에 알리샤를 사랑하게 된 베니뇨. 그의 짝사랑은 그렇게 시작되었다. 혼자서 속으로만 짝사랑을 키우다가 알리샤가 빗길에 교통사고를 당해 코마 상태에 빠지게 되자 베니뇨는 그녀의 곁에 있기 위해 그녀를 전담하는 간호사가 된다.

알리샤에 대한 베니뇨의 돌봄은 이미 오랫동안 아픈 어머니를 돌본 경험에서 얻어진 노련함에 더해 섬세하고 헌신적이기까지 하다. 코마 상태로 죽은 듯이 누워 있는 알리샤이지만, 그녀 곁에 있는 4년 동안의 시간을 그는 가장 행복한 순간이라고 말한다.

한편 또 다른 커플, 리디아와 마르코. 아내와 이혼한 후 늘 그늘져 있던 마르코는 투우사인 리디아를 취재하러 갔다가 사랑을 떠나보내고 아파하는 그녀와 서로의 상처를 보듬으며 사랑에 빠진다. 리디아와의 만남을 통해 마르코는 비로소 상처에서 벗어날 수 있게 되지만, 투우 경기 도중 예기치 않은 사고로 리디아는 코마 상태에 빠지고 만다. 코마 상태지만 알리샤와 충분한 영혼의 교감을 느끼고 있다고 믿는 베니뇨와 달리 마르코는 리디아에게서 아무런 교감도 느낄 수 없어 괴로워하다가 결국은 그녀의 곁을 떠난다.

베니뇨의 지극한 사랑과 돌봄, 그리고 헌신은 과연 사랑일까? 베니뇨는 알리샤를 지극히 사랑하고 보살폈지만 누워 있는 알리샤는 그의 존재를 전혀 모른다. 코마 상태 이전에도 베니뇨를 알지 못했다. 그리고 베니뇨의 일방적인 사랑에 대해 그녀는 사랑이라고 동의한 적이 없다. 알리샤가 깨어나더라도 그것을 사랑이라고 여길지 예측할 수도 없다.

베니뇨는 혼자서 오래 알리샤를 사랑해 왔지만 그녀에게는 그저 길에서 우연히 지갑을 주워 준 한 남자일 뿐이다. 샤워 후 복도에서 그를 마주친 일이 있었는데, 그 때문에 베니뇨를 불쾌한 남자로 기억할지도 모른다. 베니뇨는 그녀를 일방적으로 사랑했고, 그 때문에 알리샤는 임신하게 된다. 결국 베니뇨는 강간 혐의로 수감되고 알리샤가 깨어났다는 소식을 알지 못한 채 자살로 생을 마감하고 만다. 아무리 아름다운 사랑일지라도 아무리 지극한 헌신일지라도 그것이 일방적일 때 우리는 그것을 '사랑'이라 말하지 않는다.

마르코는 어떤가. 리디아에게서 아무것도 느낄 수 없어 괴롭다던 그는 사실 리디아가 건강하게 살아 있을 때에도 리디아와 진정으로 교감한 적이 없다. 자기 기분에만 빠져서 자신의 이야기에만 급급하던 마르코는 결국 리디아가 그에게 하고 싶었던 이야기를 듣지 못한 채 그녀를 잃고 만다. 마르코가 진정으로 사랑할 수 없었던 것은 리디아가 코마 상태에 빠진 상황 때문이 아니라, 상대에게 귀 기울이지 않는 일방적인 태도 때문이었을지 모른다. 그러니 서로 사랑한다는 말은 얼마나 어렵고도 아름다운 말인가.

이 영화를 다시 보니 베니뇨와 마르코의 '장애'를 대하는 서로 다른 태도가 새삼 눈에 들어왔다. 알리샤가 의식 없이 누워 있을 때에도 베니뇨는 그녀를 전과 다름없이 똑같은 알리샤로 받아들인다. 마치 그녀가 그의 말을 다 듣고 보고 느끼는 것처럼 대하고 그녀가 불편하지 않도록 모든 정성을 다한다. 식물인간이 아니라 옆에서 잠든 연인인 듯 그녀의 모든 것을 사랑스러워하고 존재만으로 기뻐하고, 있는 그대로의 그녀를 사랑할 수 있는 현재를 누린다.

그러나 마르코는 전과 다른 리디아의 모든 것이 낯설고 힘들다. 마르코에게 리디아는 그저 감각 없이 아무것도 인지하지 못하고 교감할 수 없는 코마 상태의 환자일 뿐이다. 자신에게 깊은 위안을 주었던 사랑했던 리디아는 이제 없고, 앞에 있는 것은 사랑할 수도 느낄 수도 없는 시체처럼 무감각한 존재다. 그래서 고통스럽고 슬프고 매 순간이 절망스럽다. 베니뇨와 마르코의 모습에서 장애를 대하는 서로 다른 수용 태도를 읽어 내면 이 영화는 또 다른 느낌으로 다가온다.

여기서 잠시 장애 수용에 대한 연구를 살펴보면, 데니스 무어는 직업 재활 프로그램에 참여했던 성인 장애인을 대상으로 한 연구에서, 가족의 정서적 지지가 장애 수용에 유의미한 영향을 미친다는 것을 밝힌 바 있다. 그리고 할런 한은 지금까지 장애에 대한 적응의 개념을 개인의 내적 과정으로만 인식한 탓에 장애에 대한 사회적 반응까지 고려하지 못했다고 지적하며, 기능적 제한성과 더불어 사회적 태도까지 모두 고려해야 한다고 강조했다. 다시 말해 장애

176

수용은 손상 그 자체보다는 가족이나 사회의 반응 등 주변으로부터 받게 되는 개별적인 경험에서 더 큰 영향을 받는다는 뜻이다.

연인의 장애를 대하는 베니뇨와 마르코의 태도를 이들 연구에 적용해 보면, 누가 더 건강하고 긍정적으로 장애를 수용하게 될까? 베니뇨처럼 장애 여부를 떠나 존재 그 자체를 존중하고 필요한 것들을 세심히 살피며, 함께 있는 모든 순간을 행복으로 여기는 사람이 곁에 있다면 기능적 제한이나 손상으로 겪는 힘겨움을 조금 더 여유롭게 받아들일 수 있지 않을까.

꼭 장애가 아니더라도 우리는 종종 인생에서 예기치 않은 상황을 맞닥뜨린다. 그럴 때 나는 베니뇨가 될까, 마르코가 될까. 사랑에 관해서도, 삶에 대한 태도에 대해서도 페드로 알모도바르 감독은 분명하게 정의 내리지 않는다. 마지막에 마르코와 알리샤가 만나는 이야기를 여운처럼 남기고 관객에게 물음표를 던지며 끝을 맺었다. 그 질문에 대한 답은 관객이 각자의 시각으로 찾게 될 것이다.

질문하는 영화는 좀 지루할 수 있는데, 〈그녀에게〉는 때때로 발견하는 덤이 큰 즐거움을 전해 준다. 그 하나는 세계적인 무용가 피나 바우쉬의 작품 〈카페 뮐러〉와 〈마주르카 포고〉가 각각 영화의 처음과 끝을 장식하며 영화에 질감을 더한다는 점이다. 피나 바우쉬는 이 영화에 직접 출연하기도 했다. 다른 하나는 브라질의 국민

가수 카에타누 벨로주가 직접 〈쿠쿠루쿠쿠 팔로마〉를 부르는 장면
이다. 눈과 귀가 즐거운 호사를 누릴 수 있으니 다시 〈그녀에게〉를
볼 만하지 아니한가.

3 I See You: 아름다운 소통을 위하여

우리 안의
히든 피겨스

노예제가 폐지된 지 100년가량 이 지난 1960년대에도 미국 사회에 흑인 차별과 혐오가 얼마나 끈 질기게 남아 있었는지 우리는 많은 영화를 통해서 익히 보았다. 흑 인만 갈 수 있는 숙소나 식당 등을 표시한 '그린북'이 따로 있던 시 절의 이야기(《그린북》)나, 흑인과 백인은 서로 결혼을 할 수 없어 지난한 법정 투쟁까지 감행하며 법적인 혼인을 쟁취해야 했던 이 야기(《러빙》)는 물론, 학교 가기 위해, 투표하기 위해 목숨 걸고 투 쟁해야 했고(《셀마》), 백인과는 버스도 따로 타고 화장실도 따로 사 용해야 했던 이야기(《헬프》)까지…. 영화가 보여 준 인종차별은 얼 마나 숨이 막혔던가.

투표를 할 수 없고 교육을 받을 수 없는 제도적 차별보다, 같은 화장실을 쓸 수 없다거나 숙소를 마음대로 선택할 수 없는 것과 같 은 일상과 밀접한 차별이 훨씬 더 치욕적이고 생생한 차별일지 모 른다. 흑인이 겪어야 했던 차별들은 그 주어를 '장애인'으로 바꾸어도 일맥상통한다. 투표, 교육, 결혼, 이동과 편의 시설에 대한 차별까지 어느 하나 장애인이 겪지 않는 차별이 있을까. 인종차별을 다룬 영화가 장애인의 문제, 나의 문제로 섬세하게 와닿는 이유가 바로 여기에 있다.

흑인에 대한 차별이든 장애인에 대한 차별이든 그 차별의 이유나 행태가 거의 유사해서 차별당하는 입장에서 더 공감하게 된다. 특히 '화장실' 이야기가 나오면 내겐 더욱더 생생한 문제로 다가온다. 입장 바꿔 상상해 보라. 세상에나, 화장실을 맘대로 갈 자유가 없다니! 인간의 가장 기본적인 욕구, 어쩌면 가장 치명적이고 가장 치욕적인 차별이 될 수 있는 문제 아닌가.

〈헬프〉와 〈히든 피겨스〉에 화장실 문제가 생생한 에피소드로 등장한다. 〈헬프〉에서 흑인 가정부 미니는 백인 주인집의 화장실을 썼다는 이유로 해고되고, 〈히든 피겨스〉에서는 캐서린이 분리된 화장실 문제로 결국 폭발하고 마는 에피소드가 나온다.

〈히든 피겨스〉는 미국 항공우주국(NASA) 최초의 유인위성 발사 계획인 '머큐리 계획'에 참여했던 세 명의 흑인 여성 이야기를 다루었다. 천부적인 수학 능력을 가진 캐서린 존슨, 흑인 여성들 사이의 리더이자 프로그래머 도로시 본, 흑인 여성 최초의 나사 엔지니어를 꿈꾸는 메리 잭슨이 그들이다.

그 시절의 나사는 우리의 기대만큼 생각이 우주적이진 않았나 보다. 백인이 일하는 작업동과 흑인의 작업동이 따로 구분된 엄연한 차별의 공간이었다. 흑인은 유색인 전용 화장실을 사용해야 하고, 여자라는 이유로 중요한 회의에 참석할 수 없으며, 공용 커피포트를 쓰는 것조차 용납되지 않는 직장이었다.

어느 날 우주궤도 비행 프로젝트에 차출돼 백인 작업동에서 일하게 된 캐서린. 유인위성 발사라는 우주적 미션을 두고 미국과 러시아가 우주 전쟁이라 불릴 만큼 치열한 경쟁을 벌이는 중차대한 시기였다. 거대한 프로젝트에 차출된 것은 캐서린에게 엄청난 기회였지만, 백인 작업동에서 겪어야 하는 자잘한 차별들은 그리 만만치 않았다. 백인 남자 직원들의 차가운 시선과 무시하는 태도는 그러려니 하고, 따로 유색인 전용 커피포트를 써야 하는 것까지도 그럭저럭 참아 넘겼다. 그러나 그녀에게 가장 피부로 와닿는 불편함은 바로 화장실이었다. 쏟아지는 업무 와중에 화장실을 가려면 800미터나 떨어진 흑인 작업동까지 달려가 유색인 전용 화장실을 사용해야만 한다. 바쁜 업무 사이사이 멀고 먼 화장실까지 달려가야 하는 일상이 반복되고, 커피 한 잔을 마실 때도 유색인 전용 포트를 사용해야 한다. 세상에 먹는 거, 싸는 거 가지고 유세 떠는 그 차별의 치사함이라니.

결국 비가 쏟아지던 어느 날, 캐서린은 폭발해 버리고 말았다. 업무 파일들을 짊어지고 온통 비에 젖은 채 화장실까지 달리는 캐서린의 모습이 어쩐지 무척 위태로워 보인다 했다. 아니나 다를까. 팽팽해질 대로 팽팽해져 있는 일촉즉발의 그녀를 부장 해리슨이 터뜨려 버린 것이다. 왜 찾을 때마다 자리에 없느냐고 해리슨이 묻자 화장실 다녀오느라 그랬다고 대답하는 캐서린. 무슨 화장실을 40분이나 다녀오느냐고 해리슨이 역정을 내자 캐서린은 그만 폭발해 버린다.

"이곳엔 화장실이 없습니다. 이 건물엔 유색인 화장실이 없고 서관 전체에도 없어서 800미터를 나가야 해요. 알고 계셨어요? 아프리카까지 걸어가서 볼일을 봐야 하는데, 사내 자전거도 사용 못 해요. 생각해 보세요. 근무 복장도 무릎길이 치마, 힐, 심플한 진주 목걸이… 그딴 목걸이 없어요. 흑인에게 진주 목걸이 살 월급을 주긴해요? 그런데 밤낮으로 개처럼 일하면서 모두가 만지기 싫어하는 커피포트로 버티고! 그러니까 죄송하지만, 하루에 몇 번 화장실에 가야겠어요!"

참아 왔던 말들을 울분에 차서 쏟아 내는 캐서린의 모습도 시원했지만 이어지는 해리슨의 행동은 더 후련하고 통쾌했다. 캐서린의 항변이 끝나기가 무섭게 화장실로 달려가 유색인 전용이라 써

붙인 팻말을 부숴 버린 것. 그리고 선언한다.

"이제 유색인 화장실은 없어! 나사에선 모두가 같은 색 소변을 본다."

그렇게 나사에 유색인 전용 화장실이 사라졌다.

이 영화는 나사 최초 아프리카계 미국인 주임이 된 도로시 본, 나사와 미국 최초의 흑인 여성 항공 엔지니어 메리 잭슨, 천부적인 수학 능력으로 앨런 셰퍼드의 미국 최초 유인 우주 탄도 비행과 존 글렌의 우주궤도 비행, 아폴로 11호의 달 착륙과 우주 왕복선 계획 등에 참여한 캐서린 존슨을 숨겨진 인물들, 즉 히든 피겨스로 그렸다. 그런데 나는 성별과 피부색을 뛰어넘어 그녀들의 능력을 알아보고 기회를 주었던 사람들, 즉 해리슨과 질렌스키, 존 글렌 역시 히든 피겨스로 꼽고 싶다.

해리슨은 앞에서 언급했듯 유색인 전용 화장실 팻말을 없애고 평등한 화장실을 선언했을 뿐 아니라, 캐서린의 천부적 수학 능력을 인정하고 기회를 준 사람이다. 질렌스키는 메리의 엔지니어로서의 재능을 알아보고 그녀를 엔지니어로 이끌어 준 첫 사람이며, 존 글렌은 IBM 컴퓨터의 계산 능력보다 캐서린의 능력을 끝까지 믿어 주었던 우주 비행사다. 흑인 여성이라는 편견에 갇히지 않고 그녀들이 가진 능력을 인정해 주고 기회를 준 이 첫 사람들이 없었다면 나사의 숨겨진 영웅들, 히든 피겨스는 끝내 나올 수 없었을지 모른다.

그럼, 1960년대의 나사 말고 이 시대로 시선을 옮겨 와 보자. 시대는 빠르게 변했지만 인종차별과 성차별이 도처에 있고 장애에 대한 차별도 여전하다. 편견과 차별의 견고한 벽을 부수고 평등한 자리를 내는 맨 첫 사람, 우리 안의 히든 피겨스는 누구인가? 우리에겐 여전히 히든 피겨스가 필요하다.

친절한
마스터만큼

　　　　　　　　　요즘 잠이 오지 않을 때마다 따뜻한 우유 대신 꺼내 보는 드라마가 있다. 일본 드라마 〈심야식당〉이 바로 나만의 불면 치료제. 영화 시리즈뿐만 아니라 모든 시즌의 드라마 〈심야식당〉을 섭렵했으니 내 불면의 시간이 길었나 보다.

　"하루가 끝나고 사람들이 귀가를 서두를 무렵 나의 하루는 시작된다. 영업 시간은 밤 12시부터 7시까지. 사람들은 이곳을 '심야식당'이라 부른다. 돈지루 정식, 메뉴는 이것뿐이다. 손님이 마음대로 주문하는 경우 가능한 한 만들어 주는 게 내 영업 방침이다. 손님이 오냐고? 생각보다 꽤 많다."

　도쿄의 밤거리를 따라 나지막이 읊조리는 노래가 흐르고 마스터라 불리는 주인공의 이 내레이션이 나온다. 매번 반복되는 이 오프닝을 보는 것만으로도 나른해지니 불면에 이만한 특효가 없다.

　잠이 오는 건 재미없거나 지루해서가 아니다! 칼질을 하고 튀기고 볶는 요리의 과정을 지켜보는 동안은 마치 ASMR, 즉 자율 감각

쾌락 반응이 느껴진달까? 힘겨운 하루를 마치고 심야식당에 온 사람들이 마스터의 음식을 마주하고 느끼는 노곤함과 안도감이 내게까지 전해지는 그 느슨한 힐링이 무엇보다 좋다.

무엇보다 마스터의 음식은 그저 뱃속의 허기만을 달래는 단순한 음식이 아니다. 소중한 기억을 일깨우고 닫힌 마음을 열어 주는 중요한 열쇠가 된다. 마스터의 소울푸드를 먹으며 사람들이 저마다의 이야기를 풀어놓고 공감받고 위로받으며 영혼의 허기를 채우는 잔잔한 과정을 지켜보는 사이, 누군가 내 등을 토닥토닥 두드려 주는 듯한 안온한 느낌에 어느새 눈꺼풀이 반쯤 내려앉는다.

〈심야식당〉의 가장 큰 미덕은 늘 '딱 그만큼의 적정함'을 지키는 데 있다. 메뉴에 없어도 재료만 있다면 가능한 한 손님들이 원하는 음식을 만들어 주겠다는 방침에서부터 '적정함'이 잘 드러난다. 손님이 원하는 건 다 만들어 주겠다는 빈말 대신, 준비된 재료 내에서라면 가능하다고 말하는 편이 상호 간 무게중심이 훨씬 더 적정한 데 있다고 느껴지지 않는가.

사람마다 다른 취향, 음식마다 다른 맛있는 온도, 그리고 일정한 선을 넘지 않는 사람 간 간격. 이런 모든 것들이 어우러져서 심야식당은 하루 동안 지친 사람들에게 따뜻한 위로를 전하는 공간이 된다. 그것이 가능하도록 노련하게 조율하는 사람이 바로 주인공 마스터. 그는 넘치거나 부족하지 않은, 딱 그만큼의 적정한 거리와 온도를 놀라울 정도로 잘 조절할 줄 안다.

과잉한 친절과 배려, 지나치게 다가서는 친밀함이 상대에게 얼마나 큰 내상을 입히는지 겪어 본 사람들은 안다. 선의로 그런 건데, 도와주려고, 더 친하자고 그런 건데…. 불편한 친절을 거절하면 사과 대신 이런 항변이 돌아오는 때가 많다. 상처받은 쪽이 오히려 더 나쁜 사람이 되는 그 미묘한 경계를 경험해 본 사람들은 안다.

많은 장애인들이 너무나 자주 이런 미묘한 경계의 지점에서 상처받곤 한다. 묻지도 따지지도 않고 뒤에서 덜컥 휠체어를 미는 손길에 놀라서 괜찮다고 사양했다가 "아니 내가 도와주려고 그런 건데!"라는 항변을 얼마나 많이 들었던가. 심지어 내게 너무 친절했던 어떤 사람은 내 목발이 얼마나 무겁겠냐며 들어 주겠다고 번쩍 들고 앞서가 버리는 바람에 난감했던 기억도 있다. 받는 이의 입장을 고려하지 않고 선의만 강조해 베푸는 친절과 배려는 무례함이나 다를 바가 없다. 그런 무례한 친절과 배려는 장애인 입장에서는 차별의 또 다른 모습이기도 하다.

작은 턱을 없애는 대신 "언제든 업어 올려 주겠다, 휠체어를 들어 주겠다"고 너무나 친절한 얼굴로 말하는 사람들, 접근 불가한 많은 장벽 앞에서 배려하듯 "말씀만 하시면 저희가 다 갖다 드릴

게요" 말만 하는 사람들, 이 모든 것들이 장애인에겐 친절과 배려의 얼굴을 한 차별일 뿐이다.

심야식당의 마스터라면 아마 빈말을 앞세우는 대신 말없이 주변을 살핀 다음 적당한 도구를 가져다 휠체어가 접근할 수 있도록 대처할 것이다. 그리고 쿨하게 묻겠지. 뭐 먹을래? 뭐 필요해? 이게 바로 내가 바라는 친절이다. 친절과 배려는 딱 필요한 만큼일 때만 온전한 그것일 수 있다. 받는 사람으로 하여금 충분히 존중받았다는 느낌이 들게 하는 딱 그만큼일 때만이 친절이 되고 배려가 된다.

마스터를 보고 있으면 나도 딱 그만큼만 적정한 친절을 누리고 싶어진다. 작은 턱 앞에서 내가 받아야 할 적정한 친절은 업어 주겠다, 휠체어를 들어 주겠다가 아니라 "미안하다, 앞으로 이 턱을 없애 주겠다"는 말이어야 할 것이다. 수많은 차별적 상황에서 세상 착한 얼굴로 상황을 모면하는 말을 늘어놓는 대신, 앞으로 바꾸겠다는 성의 있는 변화의 약속이 바로 진정한 친절이다.

세상 사람들도 나도 딱 마스터만큼만 친절했으면 좋겠다. 과유불급! 과해서 좋은 건 아무것도 없다, 심지어 사랑조차도.

언어 너머의
세계

그 무한한 소통의 가능성 앞에서 한낱 언어는 얼마나 불완전하고 사소한 수단에 불과한가. 극단 '춤추는 허리'가 무대 위에서 보여 준 혼신을 다한 몸짓에, 나는 편협한 내 언어가 부끄러웠다. 그녀들이 발화하는 모국어를 마치 외국어처럼 단 한 마디도 알아듣지 못하면서도, 마지막엔 온 가슴으로 전해진 그녀들의 이야기에 누구보다 커다란 감동의 박수를 보냈다. 뜨겁고 벅찬 공감의 박수를.

무대가 처음 펼쳐진 순간, 온몸을 뒤틀며 필사의 연기를 펼치는 그녀들의 말을 단 한 마디도 알아들을 수가 없어서 당황스러웠다. 그 안에서 내가 이방인이 된 듯한 낯선 느낌이 들었다. 그것은 극단 애인이 의도적으로 느린 말투와 몸짓으로 '이게 바로 우리의 방식이니 당신들이 이해하라'고 관객에게 요구하는 방식과는 또 다른 것이었다. 느리고 서툰 것을 넘어 그것은 외계의 생경한 언어처럼 들렸다. 연기하는 그녀들 무대 위로 흐르는 자막을 읽고서야 나는 겨우 그 말들을 알아들을 수 있었다.

연기자들의 가장 기본적인 훈련 중 하나가 바로 언어 훈련이다. 정확한 발음으로 관객에게 전달력을 높이기 위해서 볼펜을 물고 사탕을 물고 피나는 발음 훈련을 한다. 정확한 발음은 연기의 기본이고 정석이라고 여겨져 왔다. 그런 통념을 극단 '춤추는 허리'가 무대 위에서 신랄하게 깨고 있었다. 아니, 내가 깨지고 있었다. 그깟 언어가 뭔데? 언어가 없어도 가능한 세계, 언어라는 방법 외에도 무한하게 소통할 수 있는 세계가 있다는 걸 그녀들이 온몸으로 말하고 있었다.

옴니버스 연극인 〈불만 폭주 라디오〉는 라디오 디제이가 청취자의 사연을 받는 방식으로 진행되는데 세 가지 에피소드로 이루어져 있다. 첫 번째 이야기 〈서른 즈음에〉는 내가 일한 대가로 받는 월급을 내 통장으로 받고 스스로 관리하고 싶은 서른 즈음의 발달 장애 여성 영진의 이야기다. 그녀가 자기만의 통장 만들기에 도전하며 좌충우돌하는 이야기가 코믹하게 구성돼 있는데, 장애당사자에게 있어 자기결정권의 의미를 묻는다. '나'를 인식해야 볼 수 있는 자기결정권, 결국 나로부터 출발하는 얘기다.

두 번째 이야기인 〈성공한 여자의 하루〉역시 자기 자신을 잃지 않기 위해 고군분투하는 여성의 이야기다. 비장애인 남성과 결혼한 중증장애 여성의 힘겨운 육아와 삶을 그렸는데, 비장애인 남성과의 결혼을 소위 '성공'이라 여기는 일부 민망한 인식을 꼬집는 제목부터가 고개를 끄덕이게 했다. 그리고 그 안에 펼쳐지는 이야기는 그야말로 장애당사자가 아니면 절대로 풀어낼 수 없는 우리만의 이야기여서 크게 박수쳐 주고 싶었다. 당사자가 아니라면 어느 누가 그렇게 세심한 부분까지 알까.

그리고 마지막 이야기 〈예술가입니까〉는 예술가로서의 자기 자신과 예술의 의미를 물었다. 10년 차 장애인 연극배우 나예슬의 예술가로서의 정체성에 대한 고민이 이야기된다. 10년 동안 해 온 것은 결국 비장애인의 공연을 그럴듯하게 흉내 낸 게 아니었는지, 그렇다고 그럴듯하게 흉내 내지 않으면 외면당하는 것은 아닌지…. 나예슬의 진솔한 고민은 나의 고민과도 깊이 닿아 있어서 내내 공감하며 빠져들었다.

장애인만 이해할 수 있는 게 무슨 예술이야? 관객이 알아듣지도 못하는 언어로 자기들만의 이야기를 하면서 이해해 달라고 요구하는 건 지나친 거 아니야? 이해를 시키는 게 아니라 이해를 구하는 게 예술이야? 그러면서 무슨 예술가야? 누군가는 그렇게 비판하고 비아냥거릴지도 모르겠다. 마지막 이야기 나예슬의 고민은 바로 그 지점에 있다. 과연 나는 예술가일까? 그리고 그녀가 깨닫는

해답은, 예술은 '나에 대해 고백하는 것', 끝없이 나에 대해 고백하는 '나는 분명 예술가'라는 것이다.

그렇다. 예술이란 결국 개별적인 개인들의 독특하고 개성적인 자기 고백의 표현과 다름없다. 나의 목소리로 나만이 할 수 있는 이야기를 나만의 방식으로 고백하는 것이 바로 예술이다. 그런데 장애인의 예술과 문화를 폄하하는 목소리는 어디서부터 비롯되는가?

'장애에도 불구하고' '비장애인보다' 더 활발하게, 월등하게, 뛰어나게. 아직 우리의 의식이 여기에 갇혀 있기 때문에 '장애인의 예술'을 또 다른 방식으로 생각하는 일이 제약을 받는 것이 아닌가 싶다. 장애는 있는 그 자체로 이해되고 인정받아야 한다. 그럼에도 불구하고 극복해야 하거나, '비장애인보다' 더 우위여야 인정받는 것이 아니다. 왜 항상 장애인은 비장애인과 비교하여 넘어서고, 극복해야 하는가?

뛰어난 장애인 스포츠 선수를 '장애인과 비장애인의 경계를 허무는' 훌륭한 사람으로 일컫는 경우는 매우 흔하다. 예를 들면, 장애인 의족 스프린터 피스토리우스는 흔히 '장애인과 비장애인의 경계를 허문' 뛰어난 육상선수로 소개되어 왔다. 육상선수로서 피스토리우스가 놀라운 능력을 가지고 있는 것은 사실이고 대단한 일이지만, 왜 장애인은 장애와 비장애인의 경계를 허물기 위해 그토록 애써 능력을 증명해야 하는가. 피스토리우스처럼 특출한 몇몇을 빼고는 그런 능력을 발휘할 수 있는 사람이 얼마나 될까. 왜 장애에도 불구하고 비장애인을 제쳐야 하고, 비장애인에 비해 뛰어나려 굳이 애써야 하는가.

얼마 전에는 자신의 분야에서 활발하게 활동하고 있는 한 장애인 활동가의 페이스북에 누군가가 이런 댓글을 달았다. "비장애인보다 못하는 게 없다는 걸 보여 주고 있다"고. 칭찬이라고 썼겠지만 그걸 보는 순간 한숨이 나왔다. 왜 '비장애인보다' 더 잘 해내야만 하는 틀 안에 스스로를 가두고 있는가? 그런 눈으로 장애인의 공연 예술을 보면, 네 손가락의 피아니스트 희아는 양손이 모두 원활한 비장애인 피아니스트보다 뛰어날 수 없다. 단 한 마디의 발음도 정확하지 않은 '춤추는 허리'의 단원들은 진정한 배우로 인식될 수 없다. 그러나 정말 그런가?

우리가 징그럽게도 꽁꽁 갇혀 있는 소위 '정상성'의 범주를 벗어나서 보면 훨씬 더 많은 것들을 있는 그대로 볼 수 있다. 언어의 한계에 갇히지 않고 온몸으로 훨씬 더 직설적으로 간절하게 많은 말들을 해낸 '춤추는 허리' 그녀들이 그것을 증명한다.

예술은 나만의 방식으로 표현하는 나에 대한 고백이며, 그 고백이 누구의 것이든 개성적인 예술로서 존중받아야 한다. 비교를 거칠 필요 없이 그 자체로서가 예술이며, 그것을 보여 주고 있는 그는 분명 예술가다. 그것을 있는 그대로 느끼고 공감하는 것, 그게 바로 예술의 품위가 아닌가.

춤추라!
아무도 바라보지 않는 것처럼

　　　　　　　　　　　　가장 직설적이고 원초적인 인간의 언어는 몸짓이다. 변죽만 울리며 맴돌기만 하다 진실에 가닿지 않는 헛말이 아니라 본질을 향해 직선으로 꽂히는 언어, 태곳적 언어가 있기 이전의 가장 원시적 언어가 바로 몸짓이고 춤이다. 관측 사상 최고의 기온을 연일 경신하던 지난 8월 1일부터 5일까지 대학로 아르코 예술극장에서는 바깥 날씨보다 더 뜨거운 몸짓의 향연 '2018 대한민국 장애인국제무용제'가 펼쳐졌다.

　사실 장애와 무용은 자연스럽게 연상되지 않는다. 부자연스러운? 불편한? 움직일 수 없는? '장애'라는 말에서 대부분은 이런 단어를 먼저 떠올릴 터이니 자유로운 몸짓인 무용과는 거리가 멀게 느껴질 것이다. 우리가 가진 고정관념과 편견의 한계다. 그런 의미에서 이번 '대한민국 장애인국제무용제'는 우리가 가진, 아니 내가 가진 또 다른 편견의 껍질을 한 꺼풀 벗겨 내는 의미 있는 행사가 될 것으로 기대했고, 궁금했다. 그래서 공연을 보는 내내 장애당사

197

자의 시각이 아니라 최대한 비장애인이 가진 날것의 시각으로 보려고 시선 조정을 위해 노력했다. 그런 시선으로 바라본 무대들을 소개한다.

우선 나를 가장 매료시켰던 무대는 네덜란드 팀의 〈스테핑 스톤즈〉. 레도안 에잇 치트와 제로 반 데르 린덴이 함께 펼치는 무대는 보는 내내 감탄을 멈출 수 없을 만큼 훌륭했다. 한쪽 팔과 다리에 장애가 있는 레도안 에잇 치트의 몸짓은 경이로웠는데, 영화 〈더티 댄싱〉의 패트릭 스웨이지를 연상시켜서 더 매혹적으로 다가왔다. 〈스테핑 스톤즈〉는 그들이 14년 넘게 우정을 이어 오며 함께한 춤이라는데, 시간만큼 깊어진 그들의 우정이 관객에게도 끈끈하게 전해져 와서 요즘 말로 '브로맨스'의 달달함이 느껴지기도 했다. 굳이 장애와 비장애로 구분되지 않고 하나처럼 어우러져 움직이는 그들의 몸짓은 무대를 너무나도 충만하게 만들어 주었다.

그 충만함은 어디서 오는 걸까? 장애를 결핍이나 약점으로 여기지 않는 인식의 충만함에서 오는 것인지도 모른다. 무대 위에서 그들의 장애는 다양한 몸의 일부로서 단 한 올도 가려지지 않은 채 적나라하게 드러났다. 누군가의 무대는 한쪽 팔이 팔꿈치 아래는 '없는 것'이 아니라 팔꿈치 위만 '있는' 팔로 떳떳하게 드러났고, 근육이 소실되어 가는 가냘픈 몸은 최소한의 속옷만 걸친 채 무

198

대를 풍성하게 채웠으며, 누군가의 흔들리는 걸음걸이는 오히려 종을 들고 걸으며 한껏 흔들림을 부각함으로써 불완전한 몸짓이 아니라 종소리와 어우러진 아름다운 흔들림이 되었다. 그리고 또 누군가의 휠체어는 무용수를 완성하는 또 다른 몸이 됐으며, 누군가의 클러치는 무대 위에서 무용수와 함께 살아났다. 세상에서 불완전하고, 불편한 장애라 불리는 것들이 무대 위에서 작은 새가 되고 불꽃이 되고, 또 무엇이 되었다.

무언가로 덮거나 가리지 않고 적나라하게 드러나는 그들의 장애 있는 몸을 보며, 나는 문득 학창시절 겪었던 작은 충격을 기억해 냈다. 나른한 오후 수업이 끝나고 졸음에 겨운 눈을 한껏 잡아 올리던 순간, 눈이 화들짝 떠지는 장면을 보았다. 어느 반에서 왔는지 모를 낯선 아이가 교탁 앞에서 팔을 한껏 치켜들며 멀리뛰기를 하고 있었는데, 치켜든 팔에는 마치 누군가가 지우개로 지운 것처럼 손목 아랫부분이 없었다. 다섯 개의 손가락과 여린 손이 자연스럽게 어우러진, 늘 봐 오던 손이 아니라 지운 듯 없는 손. 그 낯섦에 졸음이 와락 달아나 버렸는데, 그 아이는 너무나 당연한 것처럼 거리낌 없이 드러내 놓고 환하게 웃고 있었다. 그때의 충격적이고도 낯선 아름다움을 아직도 생생히 기억한다. 거칠 것 없이 당당했던 그 애의 손이 결핍이나 부재가 아니라 완벽함으로 느껴지던 묘한 순간이었다.

결핍이나 부재가 아닌 또 다른 모습의 완벽함. 무대 위에서 보여준 장애인 무용수들의 몸짓이 바로 그런 것이었다. 거리를 걷다가 쇼윈도에 비친 자신의 저는 걸음걸이를 보고 충격을 받은 적이 있다던 누군가의 이야기를 기억한다. 사회가 규정한 정상성의 시선으로 보면 그럴 수 있다. 무대 위에서 거리낌 없이 자신의 몸을 드러내기까지 장애인 무용수들도 그런 과정을 거쳐 오지는 않았을까.

나를 온전히 드러내는 일에는 굉장한 용기가 필요하다. 그런 용기는 자기 자신을 있는 그대로 직면하지 않고서는 가질 수 없는 것일지 모른다. 사회가 규정한 인식의 틀에 갇히지 않고 수없이 나를 깨뜨리고 깨뜨려서 오롯이 자기 자신으로 설 수 있을 때 비로소 진정한 하나의 세계가 된다. 그들은 그렇게 무대에 올랐을 것이다.

"정체성은 밖과 안의 사이, 진실과 외관의 분화 사이 어디에 존재하는가?"

이번 무용제에 오른 한 작품의 제작 노트에 쓰인 이 질문처럼 무대에 서기 위해 장애인 무용수들은 수많은 내면의 진실과 외관의 분화 사이에서 부딪히고 갈등하며 지금 여기까지 도달했을 것이다. 그 지난한 분투에 박수를 보낸다.

물론 다른 시각으로 보면 다양한 비판도 존재할 것이다. 실제로 함께 관람했던 이들 중 한 분은 우리나라의 무용수들은 외국 무용수들에 비해 아직도 자기 연민이 많이 남아 있는 것 같다는 소감을 말했는데, 나도 그 점에 동의한다. 그리고 지적장애인들의 무대에 대해 권력 관계를 벗어난 자유와 탈억압적 의지가 느껴지지 않는다고 했는데 그 점도 일부분 동의한다. 그러나 어찌 보면 그런 지점이 다음을 기대하게 하는 포인트가 되지 않을까? 아직 우리는 어떤 지점을 향해 가는 과정에 있기 때문이다. 이제 고작 3회째 아닌가. 네덜란드 팀이 14년이란 긴 시간 동안 서로를 길들이고 작품을 완성해 갔듯이, 우리나라의 무용수들에게도 아직 성장할 시간이 필요할 것이다.

지적장애인 무용팀의 공연 중에 신신애의 노래 〈세상은 요지경〉이 새로운 창법의 라이브로 불렸는데, 가사 한 구절이 귀에 콕 박혔다.

"잘난 사람 잘난 대로 살고 못난 사람 못난 대로 산다. 여기도 짜가 저기도 짜가 짜가가 판친다."

저마다 있는 그대로 완벽하다! 그리고 있는 그대로 완벽하기 위해서는 '진짜' 자기 자신이 되지 않으면 안 된다. 춤추라, 아무도 바라보지 않는 것처럼! 그것은 '진짜' 자신을 발견한 사람만이 누릴 수 있는 완벽한 흥이 아닐까.

드라마 〈라이프〉 속
장애인의 라이프

　　　　　　　　　　　　　"그녀의 자전거가 내 가슴 속으로 들어왔다." 한 의류업체의 옛 카피처럼 드라마를 보다가 문득 그의 휠체어가 내 가슴 속으로 들어왔다. 이수현 극본의 드라마 〈라이프〉 얘기다.

　〈라이프〉에서 예선우가 타는 휠체어는 그야말로 신박하다. 가볍고 슬림하게 접혀서 자동차 트렁크에 가뿐하게 싣고 다닐 수 있는 휴대와 이동이 모두 편리한 전동휠체어. 우리가 언제 드라마에서 이렇게 멋진 휠체어를 본 적이 있던가?

　지금이 어느 시대인데 왜 우리나라 드라마에선 휠체어가 등장할 때마다 구닥다리 환자용 휠체어만 등장하는 거냐고 글을 통해 투덜거린 적이 있다. 심지어 전동을 타고 나와도 '장애인은 도와줘야 한다'는 고정관념에 사로잡힌 제작진들이 전동휠체어마저 밀어주는 장면을 집어넣어서 참 골고루 드라마를 망치고 있다고 궁시렁거리기도 했다. 그런데 예선우의 스타일리시한 휠체어라니! 그의 휠체어를 보며 문득 궁금해졌다. 그 휠체어는 협찬받은 간접광고일까, 아니면 단순 소품일까?

우리나라에서는 드라마 제작 시 광고 의존도가 매우 높은 편이어서 간접광고가 필연적으로 많이 들어간다. 심지어 시대물에도 간접광고가 들어간다. 예를 들어 〈미스터 션샤인〉은 구한말이 배경인데, 파리바게트가 '불란서 제빵소'로 시대에 맞게 이름을 바꾸어 다양한 제품을 우리의 시각 속으로 침투시키는 데 성공했다.

간접광고는 점점 교묘해지는데 왜 우리는 드라마 속에서 다양한 장애인 보조기기들을 볼 수 없을까? 사실 최첨단 보조기기들은 일부러 관심 있게 찾아보지 않으면 접하기 힘들다. 만약 드라마 등장인물이 최첨단 보조기기들을 착용하고 나타나 준다면 회사 입장에서는 홍보 효과를 얻고, 사용자 입장에선 손쉽게 제품 정보를 접하는 기회가 되니 그야말로 일석이조가 아닐까. 그럼에도 드라마 속에선 여전히 뒤떨어지고 촌스러운 휠체어들만 등장할 뿐이었는데, 이번에 등장한 예선우의 휠체어는 소비자로서 구미가 당기는 매력적인 제품이 아닐 수 없었다.

그뿐인가. 예선우의 집을 한번 보자. 침실과 욕실 등 집안 곳곳에 설치된 안전바, 휠체어 사용자가 편한 자세로 설거지를 할 수 있는 싱크대, 레버를 잡아당기면 앉은키에 맞게 내려오는 찬장 같은 유니버설 디자인의 가구들이 눈에 쏙 들어온다. 모두 휠체어를 탄 예선우의 눈높이와 행동반경에 맞춘 디자인이었다.

이는 곧 예선우의 일상생활이 누군가에게 의존하지 않고 자립적임을 보여 주는 장치가 된다. 지극히 의존적인 이미지로 등장해 온 기존 드라마 속 장애인과는 사뭇 다른 모습이기도 하다. 휠체어를 타고 직장에 출근하는 모습, 그간 한 번도 드라마에 등장한 적 없던 장애인 콜택시를 타고 퇴근하는 모습, 청소, 다림질, 설거지 등 집안일을 비장애인 형에게만 전가하지 않고 분담해 내는 생활인의 모습뿐만 아니라 옷을 입고 벗거나 목욕 후의 일상적 신변 처리 모습까지, 평범한 장애인의 라이프가 자연스럽게 그려졌다.

장애당사자들에게야 장애인 콜택시가 익숙하지만, 한 번도 접해 본 적 없는 비장애인들에게는 드라마에 등장한 장애인 콜택시가 무척 색다르게 다가왔을지 모른다. 어떤 시청자는 장애인 콜택시에 타고 내리는 방법을 드라마를 통해 처음 알았다고 했다. 만약 예선우가 휠체어를 타고 붐비는 지하철이나 역 엘리베이터를 이용하는 모습이 자연스럽게 등장했다면 그것도 신선했을 것이다.

학창 시절, 새 학년 새 학기가 되면 새 친구들에게 늘 받는 질문이 있었다. 너는 머리는 어떻게 감아? 목욕은 어떻게 해? 화장실에선 어떻게 해? 비장애인 아이라면 절대 받지 않았을 질문을 나는 수없이 받으며 살았다. 비장애인 친구들은 내가 자기들과는 다르므로 일상도 상상할 수 없이 다르고 신기할 것이라 생각했었나 보다.

그럼 그런 질문을 요즘은 안 받을까? 안타깝게도 여전하다. 장애 인식 개선 교육으로 학교에서 학생들에게 한 시간 내내 장애에 대해 아무리 열심히 떠들어도 질의응답 시간에 돌아오는 아이들의 질문들은 결국 학창 시절의 내 친구들이 했던 것과 다르지 않다. 만약 예선우가 보여 준 장애인의 평범한 일상이 드라마에서 자주, 자연스럽게 보이면 그런 일차원적인 질문과 호기심은 어느 정도 사라질 수 있지 않을까?

〈라이프〉가 기존의 드라마에 비해 장애와 장애인의 삶을 진일보한 방식으로 그려 낸 데 대해 칭찬해 주고 싶다. 비록 예선우와 그 가족이 장애를 받아들이는 태도나 인식에는 지적하고 싶은 부분들이 있긴 하지만 말이다.

앞으로 예선우보다 훨씬 더 자립적이고 긍정적이고 평범한 장애인을 드라마에서 더 자주 만나고 싶다. 최신 기립형 휠체어를 타고 창가에 서서 분위기 있게 커피를 마시는 장면이라든지, 계단을 아무렇지 않게 오르내릴 수 있는 전동휠체어를 탄 주인공의 모습이라든지, 전동휠체어를 타고 자연스럽게 운전석으로 들어가 멋지게 운전하는 모습 등등 보고 싶고 만나고 싶은 장면이 아주 많다. 간접광고든 소품이든 최첨단 보조기기들을 자연스럽게 접하고 드라마를 통해 장애인의 일상이 평범한 모두의 일상 속으로 스며든다면 장애는 훨씬 더 멋진 개성으로 인식되지 않을까?

영화 〈언터처블 1%의 우정〉과 〈미 비포 유〉에서 신나게 전동휠체어를 타고 달리던 주인공의 모습을 떠올려 보라. 구닥다리 휠체어에 앉아 뒤에서 밀어 주는 대로 이끌리는 그간 한국 드라마 속 주인공과, 신나고 역동적으로 휠체어를 타는 이 영화들 속 주인공의 모습을 비교 컷으로 보여 주면 학교에서 아이들이 보이는 반응은 확연히 대비되어 나타난다. 전자는 "불쌍해요, 도와줘야 해요" 등 동정적인 반응 일색이지만, 후자는 "재밌어요, 신나 보여요, 같이 타고 싶어요" 등 긍정적인 공감들이 쏟아져 나온다. 아무도 후자의 모습에서 장애인은 불쌍하다고 여길 이유가 없는 것이다.

장애도 개성일 뿐이라고 애써 부르짖지 않아도 다양한 보조기기를 통해 자립적으로 자신의 삶을 멋지게 영위해 나가는 사람들의 모습을 자주 접하다 보면 장애에 대한 동정적 인식도 사라질 것이다.

장애인 올림픽은
왜 따로인가

패럴림픽은 장애인들이 참가하는 세계적 스포츠 축제로, 1960년부터 비장애인 올림픽과 별도로 개최되고 있다. 아시안게임 역시 따로이긴 마찬가지. 그러나 장애인과 비장애인의 통합을 이야기하는 요즘 시대에 별도로 치르는 올림픽이나 아시안게임이 분리와 배제를 조장하진 않는지 생각해 볼 일이다. 우리가 지향하는 통합이 왜 스포츠에서는 이루어지지 못하는가.

"장애인 선수가 어떻게 비장애인 선수와 겨루겠어?" 물론 신체적 능력과 기능에 엄연한 차이가 존재하니 그렇게 되묻는 것도 당연하다. 그러나 남자 올림픽과 여자 올림픽이 따로 있지 않고 흑인 올림픽과 백인 올림픽이 따로 있지 않은데, 장애인 올림픽과 비장애인 올림픽을 따로 하는 것은 왜 아직 당연한가?

이미 남녀 종목과 신체 조건별 체급 등이 다양하게 나뉘어 있으니 장애인 종목만 더해지면 될 일이다. 가령 휠체어 농구 같은 종목은 비장애인도 휠체어를 타고 장애인과 비장애인이 함께 경기를 치르면 훨씬 재미있는 경기가 될지 모른다. 또 컬링을 장애인과 비장애인이 함께하면 어떨까? 탁구를 장애인과 비장애인이 함께하는 팀 복식으로 하면 어떨까? 조금만 더 상상력을 발휘하면 장애인과 비장애인이 함께할 수 있는 스포츠 종목이 훨씬 더 다양해질 것이다.

이런 생각을 새삼 하게 된 것은 지난 10월 6일 인도네시아 자카르타에서 개막된 '2018 장애인 아시안게임' 때문이었다. 아시안게임이 열리기 직전 인도네시아에서 큰 규모의 지진이 발생했고, 공교롭게 개막일에는 10월인데도 이례적으로 태풍 콩레이가 우리나라에 상륙하는 바람에 안 그래도 관심이 적었던 장애인 아시안게임이 더욱 관심 밖으로 밀려나 버리고 말았다. 그나마 태풍이 물러간 다음 날 KBS가 전날 열렸던 개막식 중계를 재방송한 덕에 2018 장애인 아시안게임의 개막식을 볼 수 있었다. 개막식을 쭉 보면서 이런저런 생각이 들었다.

우선, 개막식에서 내 눈에 가장 선명히 들어온 사람은 축제의 주인공인 장애인 선수들이 아니라 조코 위도도 인도네시아 대통령이었다. 그는 지난 8월 18일 아시안게임 개막식에서 액션 배우처럼 오토바이를 타고 화려하게 등장해 주목을 받은 바 있는 쇼맨십이 대단한 인물이다. 정겨운 동네 아저씨처럼 순박한 얼굴을 한 대통령이지만, 다른 한편 성공적인 아시안게임 유치를 위한다는 명목 아래 폭압도 불사한 잔혹한 대통령이기도 하다. 기사에 따르면 경범죄만으로도 하루에 수십 명씩 경찰에 의한 사살이 자행됐다고 하니 무서운 일이 아닐 수 없다. 그런 대통령이 개막식에서 온화한 얼굴로 '인권'을 이야기하니 생경하고 모순적이어서 피식 웃음마저 새어 나왔다.

개막식 공연 중 큰 배 위에서 커다란 깃발을 돛처럼 올리는 장면이 있었는데, 그 깃발을 펼치기 위해 높은 돛대 위로 올라간 이는 인도네시아 선수였다. 그는 한쪽 다리에 의족을 착용하고 힘겹게 돛대 위를 기어올라 깃발을 펼쳐 들었는데, 그 모습에서 지난 평창 동계패럴림픽 개막식 장면이 자연스럽게 겹쳐졌다. 의족을 한 아이스하키 한민수 선수가 성화 점화를 위해 높고 가파른 빙벽을 위태롭게 올랐던 그 장면 말이다. 언론들은 "로프에 의지한 채" 빙벽을 오르는 한민수 선수의 모습이 감동이었다고 일제히 입을 모아 기사를 쏟아냈다. 그러나 나는 감동할 수 없었다. 감동은커녕 참담하기까지 했던 그 장면이 인도네시아 개막식에서도 여지없이 펼쳐진 것이다.

로프에 의지한 채, 휠체어에 의지한 채, 의족 하나에 의지한 채,

흰 지팡이에 의지한 채…. 장애인은 로프를 '붙잡고', 휠체어를 '타고', 의족을 '딛고', 지팡이를 '드는' 주체가 아니라, 늘 무언가에 의지하고 기대는 의존적인 존재로 여겨진다. 그런 존재가 무언가를 힘겹게 넘어서고 가까스로 해내는 모습이어야만 비장애인들에게 그나마 감동이 된다. 장애인이 소위 '감동 포르노'의 대상으로 쉽게 소비되고 있는 것이다.

"우리에게 기회를 주셔서 감사합니다. 우리의 힘과 능력을 보여 주기 위해 우린 여기에 있습니다. 우리가 그렇게 할 수 있도록… 대통령님 거기 계십니까?"

소녀 양궁선수가 휠체어를 타고 등장해 인도네시아의 다양한 장애인들을 영상으로 소개한 뒤에 대통령을 부르니, 환호와 함께 조코 위도도 대통령이 다시 등장한다. 대통령은 양복 상의를 벗더니 양궁을 들어 뒤에 놓인 'Disability'라는 글자에서 'Dis'를 멋지게 쏘아 떨어뜨려 'ability'를 만들어 주었다. 소녀의 요구에 따라 '장애'를 '능력' 혹은 '할 수 있음'으로 바꾸어 주는 사람이 다름 아닌 착한 비장애인 대통령인 것이다.

좋은 기회 주셨다고 감사하는 것도 좋고 장애가 능력이 되는 것도 좋다. 어쨌든 감사는 좋은 거니까. 그런데 이 장면에서도 역시 장애인은 기회를 베풀어야 할 시혜적 존재이고, 즐겨야 할 스포츠

마저 '우리도 할 수 있는' 능력을 보이고 증명해야 하는 장이 되고 있다.

그뿐인가. 피아노를 연주하고 있는 시각장애인 소녀를 향해 "눈이 보이지 않아도 음악을 사랑하는"이란 표현을 하는가 하면, 장애인 비보잉 그룹의 댄스 무대에서는 "얼마나 의지가 강한지 비장애인 못지않다"는 아나운서의 해설이 듣는 내내 귀에 거슬렸다. 눈이 보이지 않는다고 음악을 사랑할 수 없는가? 시력과 음악은 하등의 상관관계가 없는데도 말이다. 또 아나운서의 말대로 비장애인들은 일반적으로 장애인보다 의지가 강한가? 그래서 "비장애인 못지않다"고 표현하는 건가? 다시 말할 필요도 없는 말이지만, 사랑하는 것은 자격이나 능력이 따로 필요치 않다. 의지를 발휘하는 것 역시 자격이나 능력으로 되는 일이 아니다. 그런데도 왜 여전히 수준 이하의 표현들이 당연한 듯 통용되고 있는가.

덧붙이자면, 나는 Disability가 왜 굳이 ability가 되어야 하는지도 잘 모르겠다. 물론 사회가 사회적 장애를 제거하려는 노력은 당연히 해야 하지만, 개인에게 있어 장애가 반드시 어떤 능력이나 할 수 있음이 되어야만 하는 것은 아니지 않은가. 정말 아무것도 할 수 없으면, 무능력하면 가치 없는 존재인가? 나는 늘 그 부분에서 마음이 언짢아지는 것이다.

211

온 세계가 함께하는 스포츠 축제에서 장애인이 따로 분리되지 않고 다 함께 즐거울 수 있는 통합의 스포츠가 되도록 한 걸음 더 나아가기를 고민할 때가 아직 오지 않은 것일까.

마지막으로 패럴림픽에 대한 이야기를 한 김에 패럴림픽의 진정한 의미와 유래에 대해서 깊이 있게 들여다볼 수 있는 다큐멘터리 〈불사조, 비상하다〉를 소개하고 싶다.

"올림픽에서는 영웅이 탄생하고 패럴림픽에는 영웅이 출전한다"는 말이 도입부에 나온다. 영웅이란 말에 다소 냉소할 수는 있지만, 다 보고 나면 왜 영웅인지 느끼게 된다. 장애를 극복씩이나 해서가 아니라 그들 각자가 직면한 삶의 협곡을 어떻게 관통하고 어떻게 비상했는지를 지켜보며 굴복하지 않는 인간에 대한 경외심을 비로소 갖게 되기 때문이다. 또한 패럴림픽이 어떻게 시작되었고, 어떤 고비를 넘어가며 지금까지 이어져 왔는지 그 유래와 발전 과정을 보는 것도 꽤 유익하다.

"처음엔 내 장애에 대해서만 물었는데 스포츠를 시작한 이후론 종목에 대해서만 물었어요."

영국 선수 피콕의 말이다. '장애'가 아닌 '사람'에 대한 집중이 어떻게 이루어지는지 시사하는 바가 크다. 이 외에도 장애에 대한 다양한 생각들을 짚어 볼 수 있는 지점들이 많아서 보는 내내 흥미로웠다.

장애인이기 때문에 불사조가 아니다. 우리는 누구나 불사조가 될 수 있다. 다시 시작할 수 있는 용기를 낼 수 있다면, 삶을 바라보는 또 다른 시선을 가지고 있다면.

장애와 비장애 구분 없이 자신의 한계를 넘어선 영웅들이 스포츠를 통해 함께 어우러지는 모습을 올림픽이라는 모두의 스포츠 축제를 통해서 볼 수 있다면 더 감동적인 통합의 모습을 기대할 수 있게 되지 않을까.

장애인,
어디서든 만날 수 있어야죠

〈맘마미아 2〉는 전편인 〈맘마미아 1〉처럼 그룹 아바의 노래들로 구성된 뮤지컬 영화다. 아바의 노래를 추억하는 팬들에게는 히트곡들을 다시 들을 수 있는 기회일 뿐만 아니라, 아바를 잘 모르더라도 신나는 노래와 율동을 따라 어느덧 함께 발장단을 맞추며 보게 되는 즐거움을 선사하는 영화다. 〈보헤미안 랩소디〉가 싱얼롱관 상영으로 많은 호응을 얻었듯이 이 영화 역시 싱얼롱관 상영을 했다면 아바의 팬들에게 신나는 떼창의 기회가 되었을 텐데 하는 아쉬움마저 든다.

〈맘마미아 2〉에는 〈워털루〉를 노래하는 장면이 있다. 식당에서 이야기를 나누던 두 주인공이 노래를 부르는데 거기 있던 손님들과 종업원들까지 다 함께 신나게 춤추고 노래한다.

노래하고 춤추는 손님들 속에는 휠체어를 탄 여성도 있다. 두 다리로 뛰어다니는 사람들 사이에 휠체어를 타고 앉아 플로어를 빙글빙글 도는 그녀의 춤은 전혀 어색하거나 튀지 않는다. 자연스럽게 식당의 다른 손님들과 어우러지는 그녀의 모습은 평범한 손님 그 자체다. 그 점이 좋아서 청소년에게 장애 이해 교육을 할 때 나는 종종 이 장면을 보여 준다.

"신나요~!"

아이들 대부분은 이런 반응을 보인다. 신나게 들떠서 보다가 휠체어의 등장을 알아채지 못하는 아이들도 있고, 휠체어를 발견한 아이들은 장애인도 신나 보인다고 답한다. 그중 어떤 아이도 "장애를 극복했어요" 따위의 대답을 하지 않는다는 점이 나는 가장 맘에 든다. 아이들은 내 바람대로 그 장면에서 평범한 장애인을 보고, 다른 사람들 속에서 조화롭고 신나게 공존하는 장애인을 본다.

이 장면에 등장하는 휠체어를 탄 배우는 줄거리의 흐름에 아무런 영향을 주지 않는다. 주인공들과도 아무런 관계가 없다. 그저 주인공들과 함께 춤추고 노래하는 단역배우 중 하나일 뿐이다. 굳이 없어도 무방할 캐릭터가 다양한 모습의 사람들 가운데 하나로 자연스럽게 섞여 있다.

그런 영화는 이뿐만이 아니다. 아주 오래전 영화를 보다가 스치듯 지나가는 장면 속에 휠체어가 등장해 시선이 꽂힌 적이 있다. 1992년 작품인 〈파 앤 어웨이〉에서 톰 크루즈와 니콜 키드먼이 배를 타고 아일랜드를 떠나 미국 보스턴으로 가던 중 사기꾼에게 낡이는 장면이었다. 니콜 키드먼과 사기꾼이 이야기를 나누며 선상 계단을 오르는 장면 뒤편에 바다를 바라보며 돌아앉은 휠체어를 탄 선객이 있었다. 그 장면 역시 굳이 휠체어를 탄 선객이 없어도 무방했다. 그저 배에 탄 선객 1, 2, 3 중 하나일 뿐인데, 재빠르게 지나가 버리는 배경 한켠에 휠체어를 탄 채 자연스럽게 앉아 있었다.

〈에너미 오브 스테이트〉는 또 어떤가? 이 영화에서도 우연히 만났다. 윌 스미스와 진 해크먼의 차량 도주 신에서 전동휠체어를 타고 횡단보도를 건너는 할아버지를. 순식간에 지나가 버리는 사소한 배경일 수 있는 장면에, 굳이 휠체어를 탄 행인이다. 나는 지금 아주 오래전 영화들 얘기를 하고 있다. 그렇다면 현재 우리나라 영화나 드라마는 어떨까?

영국의 BBC방송은 여성과 성소수자, 장애인, 노인 등에 관한 세세한 방송 제작 가이드라인을 갖추고 있는 것으로 유명하다. 그에 따르면 사회적 소수자들이 일정 비율 방송에 출연해야 하고, 여성의 성 역할 고정관념을 강화하는 이미지여서는 안 되며, 장애인을 동정적 시각으로 그려서도 안 된다. BBC의 가이드라인을 굳이 언급하지 않더라도 이제 우리의 영화나 드라마에서도 그 정도는 기대해도 될 때가 되지 않았을까?

1987년부터 1991년까지 KBS에서 방영한 〈사랑이 꽃피는 나무〉라는 캠퍼스 드라마가 있다. 거기 나오는 대학생 중에 목발을 짚은 기타리스트가 있었다. 주인공들이 모이는 아지트 격인 카페에서 그는 멋들어지게 기타 연주를 하거나 주인공과 사소한 이야기를 주고받는 조연이었다. 그 드라마에서 그는 평범한 친구이고 이웃이었다. 더욱이 그는 장애인을 연기한 것이 아니라 실제 장애를 가진 당사자이기도 했다. 아쉽게도 그 이후로는 그런 시도를 통만나 볼 수 없다.

장애인이 특별해 보이는 것은 자주 볼 수 없는 낯선 존재이기 때문이다. 낯설면 특별해 보이기 마련이고, 익숙하지 않으면 불편하고 두려운 법이다. 아이들을 상대로 실컷 목이 터져라 장애에 대한 이해 교육을 마쳤는데 결국 아이들이 하는 질문들은 너무도 사소한 것들일 때가 많다. 어떻게 자요? 어떻게 씻어요? 어떻게 먹어요? 같은 질문들 말이다. 사실 이런 것들은 함께 지내다 보면, 자주 만나다 보면 생기지 않을 궁금증들이다. 장애를 특별하게 여기지 않고 친숙해지려면 자주 보아야 한다. 일상 어디에서든 장애인을 가깝게 만날 수 있어야 한다.

사람들이 쉽게 접할 수 있는 드라마나 영화 속에서 주인공의 이웃 1, 2, 3 혹은 거리에 지나가는 행인 1, 2, 3으로 자연스럽게 자주 장애인을 접하는 것만큼 확실한 장애 이해 방법이 또 어디 있을까? 거리 곳곳에 다양한 휠체어를 탄 사람들이 지나다니고 안내견을 데리고 다니는 사람이나 목발을 짚은 사람이 주인공의 친구이거나 이웃집에 산다면, 또는 장애가 있는 주인공을 그 장애를 가진 당사자 배우가 직접 연기하는 모습을 어렵지 않게 방송을 통해 접할 수 있다면 "난 한 번도 장애인을 본 적 없어서 그렇다"고 핑계를 댈 명분이 사라질 것이다. 자주 접하다 보면 익숙해질 것이고 낯선 것에서 생기는 경계심이나 선입견도 자연스럽게 사라질 테니 말이다.

영국의 댄싱 경연 프로그램인 〈스트릭틀리 컴 댄싱〉에서 휠체어를 탄 댄서가 출연하여 비장애인 댄서들과 함께 멋진 댄싱 퍼포먼스를 보여 화제가 된 적이 있다. 장애인 댄싱 경연 프로그램도 아니고 그냥 '댄싱 경연 프로그램'에 장애인 출연자가 자연스럽게 어우러져 있다. 굳이 장애인과 비장애인 프로그램이 따로 있을 필요조차 없는 것이다. 바로 이점이 가장 중요한 포인트가 아닐까?

명색이 21세기 글로벌 시대를 사는 우리가 아닌가. 이른바 다양성의 시대 아닌가. 적어도 시대에 걸맞은 사회적 품격은 갖추어야 하지 않을까. 드라마 〈라이프〉의 예선우 같은 친구가, 그런 이웃이 어느 영화나 드라마에서든 곳곳에서 찾아지고, 특별한 장애인이 아니라 일반적인 출연자의 한 명으로 다양한 프로그램에 어깨를

겨루며 자연스럽게 등장하길 기대한다. 그래서 더 이상 장애인이 낯설고 특별하지 않은 사회, '장애인'이란 구별적 단어조차 사용하지 않아도 되는 사회에 우리가 함께 살고 있음을 경험하게 될 수 있기를 바란다.

그에게
삶의 고삐를 허하라!

삶의 진정한 주인은 누구인가? 그 삶의 고삐는 누가 쥐어야 하는가?

영화 〈피넛 버터 팔콘〉이 던지는 질문이다. 관객 리뷰를 보면 힐 링 영화라고 평한 이들이 있는데, 나는 필링 영화라고 말하고 싶다. 영화가 던지는 질문에 답할 수 있으려면 필링(peeling), 즉 그동안 굳은 마음의 각질을 한 꺼풀 벗겨 내고 바라보는 일이 더 필요하기 때문이다.

〈피넛 버터 팔콘〉은 주인공 잭과 타일러가 특별한 인연으로 만나 동행하며 자신을 찾아가는 로드무비이며 따뜻한 버디무비다. 다운 증후군을 가진 잭이 자신에게 붙여 준 또 다른 이름이 바로 '피넛 버 터 팔콘'. 직역하면 '땅콩버터 매'쯤 되겠다. 달콤하면서도 강인한, 자기가 가장 좋아하고 바라는 것의 조합으로 자신의 새 이름을 만 든 남자. 뭔가 매력적이지 않은가?

이 영화를 소개하는 기사나 리뷰를 보면 대부분 잭을 설명할 때

'다운증후군을 앓는'이라고 표현했는데, 우선 이 글을 통해 정정하고 싶다. 잭은 다운증후군을 앓는 환자가 아니다. 그저 다운증후군을 가진 한 사람일 뿐이다!

다운증후군을 가진 잭은 부모에게 버려져 주정부가 의뢰한 시설에 맡겨졌다. 그런데 이상하게도 그가 간 곳은 일반 장애인 시설이나 보육 시설이 아니라 노인요양 시설이다. 생각해 보라. 젊고 건강한 사람이 또래가 아무도 없는 노인들 사이에서 기약 없이 지내야 한다니! 그것만으로도 부적응의 조건과 이유가 충분하지 않은가. 그래서 잭은 이미 도망 위험군으로 분류된 감시 대상이다. 갇힌 일상에서 잭의 유일한 돌파구는 자기가 좋아하는 레슬러 솔트워터 레드넥의 비디오를 무한 돌려 보는 것.

그러다 결국 잭이 사고를 치고 말았다. 룸메이트 칼 아저씨의 도움으로 팬티 한 장만 걸친 채 탈출을 감행, 성공한 것이다. 잭의 목표는 그의 우상 솔트워터 레드넥의 레슬링 학교가 있는 에이든에 가는 것이다. 그러나 계획은 원대했으나 팬티 한 장의 혈혈단신으로 이루기에는 너무나 멀고도 험난한 여정. 그 먼 여정을 함께한 이가 바로 타일러다.

타일러는 자신의 실수로 사랑하는 형을 잃은 아픔을 가진 사람이다. 그 상처 때문에 세상에서 겉돌고 어업권을 두고 다투던 이들과 불화를 겪다가 방화범이 되어 도망 다니는 신세다. 잭은 시설로부터, 타일러는 자신을 쫓는 이들로부터 벗어나려는 도망자의 처지로 둘은 만났다. 가족이 없다는 것과 도망자라는 공통점을 빼고는 닮은 구석이 아무것도 없는 두 사람이 에이든과 플로리다라는 동향의 목적지를 향해 가는 여정에서 친구가 되어 가는 과정을 그린 영화다.

그 여정에서 잭은 보호와 돌봄의 대상이었던 시설 수용인으로서의 자신이 아니라 자신 안에 숨은 강하고 용감한 영웅, 피넛 버터 팔콘을 찾아내게 된다. 그럴 수 있도록 북돋아 준 것은 바로 길동무 타일러. 잭에게 수영하는 법을 가르쳐 준 것도 그였는데, 잭이 수영을 못하는 사람이 아니라 그저 지금껏 수영할 기회가 없었던 사람일 뿐이란 걸 타일러가 보여 준 셈이다.

그렇다면 이 영화는 비장애인인 타일러가 장애를 가진 잭을 돌보고 구원하는 이야기인가? 은근슬쩍 이렇게 반문해 보고 싶을 때쯤이면 자연스레 알게 된다. 잭 안에 숨은 피넛 버터 팔콘을 일깨워 준 것이 타일러라면, 타일러 안에 응어리진 상처를 어루만져 주고 다시 새로운 삶을 꿈꾸게 만든 건 잭이라는 사실을. 하여 도움과 돌봄이 일방적이어야 한다면 진정한 친구가 아니다.

탈출한 잭을 찾아 나선 시설 직원 엘리너는 그런 의미에서 아직은 잭의 친구가 아니다. 잭을 다시 찾았을 때 엘리너의 눈에 비친 잭은 물가에 내놓은 어린아이처럼 위험하고 불안하기만 하다. 그녀에게 잭은 오로지 돌봐주고 책임져야 하는 요보호 대상일 뿐.

엘리너가 잭과 타일러의 동행에 뜻하지 않게 합류하면서 셋이 함께 뗏목을 타는데, 그 장면이 매우 인상적이었다. 레슬링 훈련을 하자며 잭에게 물속에 머리를 집어넣어 보라는 타일러를 보며 엘리너는 기겁을 하며 연신 "안 돼요!"를 외친다. 또 배고프지 않다고 해도 혈당이 떨어지면 안 된다면서 잭에게 이런저런 먹을 것을 강권한다. 그 모습을 보다 못한 타일러가 엘리너에게 말한다.

"머저리라고 그만 불러요."

그런 말은 평생 써 본 적 없다고 항변하는 엘리너에게 타일러가 덧붙인다.

"사람들이 잭을 머저리라고 부를 땐 아무것도 못하는 놈 취급할 때예요. 대놓고 머저리라고 안 부르면 뭐해요? 그렇게 취급하고 있는걸."

타일러가 지적하듯 '장애인'이라고 부르며 대놓고 조롱하는 일은 거의 없다. 그러나 장애가 있어서 아무것도 할 수 없는 존재, 무조건 도움받고 돌봐야 하는 존재로 취급하며 동행이 아닌 보호를 당연시하는 사회라면 그것으로 이미 충분한 모욕이고 조롱이 아닐까.

보호와 돌봄이라는 명목으로 누군가 대신 이끄는 고삐에 의지해 사는 삶이어야 한다면, 그 자체로 생에 대한 모욕일 것이다. 왜냐하면 생의 주인은 그 누구도 아닌 바로 자기 자신이어야 하니까. 내 생의 결정권은 그 누구에게도 양도할 수 없는 권리니까. 따지고 보면 삶이란 거칠게 날뛰는 야생마 같아서 그 위에 올라탄 그 누구의 삶도 안전하지 않고 예측 불허이기는 마찬가지다. 그런데 왜 누군가는 자기 삶의 고삐를 타인에게 넘겨줄 것을 종용받는가. 안전하지만 단조로운 시설 수용인으로 사는 것과 롤러코스터처럼 위험하지만 변화무쌍한 피넛 버터 팔콘으로 사는 것 중에 잭에겐 어떤 것이 더 행복했을까?

이쯤에서 우리는 다시 물어야 한다. 잭이 올라탄 삶의 주인은 누구인가? 그 삶의 고삐는 누가 쥐고 있는가? 잭이 그의 이상적 자아 피넛 버터 팔콘으로 살 수 있기 위해 진정으로 필요한 것은 무엇인가. 이 질문을 실제 다운증후군 당사자인 배우 잭 고츠아전이 빛나는 연기로 물었다. 이제 우리는 어떻게 답해야 할까. 우리가 그 답을 하기까지 너무 멀고 험난하지 않았으면 좋겠다.

224

내가 당신에게
가닿을 방법

영화 〈나는보리〉에서 보리는 코다(CODA, Children of Deaf Adult, 농인 부모 밑에서 태어난 청인 자녀)이다. 주로 수어로 소통하는 보리네 가족의 일상은 마치 소리를 제거한 비디오 화면 같다. 소리만 없을 뿐 다른 가족과 별다르지 않은 평범한 가족이다. 다른 점이 하나 있다면, 다른 집 아이에게는 없지만 보리에게는 주어진 의무가 하나 있다는 것. 그것은 바로 짜장면을 시켜 먹을 때 가족을 대신해 주문 전화를 하는 일인데, 이 역시 서로 다른 가족의 역할 중 일부일 뿐 그리 특별할 건 없다.

보리에게는 아주 특별한 소원이 하나 있는데, 그것은 자기도 다른 가족들처럼 소리를 듣지 못하게 되는 것이다. 그도 그럴 것이 보리에게 소리를 듣지 못한다는 것은 '결핍'의 의미가 아니다. 엄마랑 아빠, 그리고 동생만이 갖는 그 특별한 세계에 보리 자신만 들어가지 못한다는 사실이 안타까울 뿐이다. 보리는 그 세계에서 온 가족과 함께 있고 싶다. 자기만 들을 수 있다는 데에서 오히려 소외감을 느낀다.

날마다 등굣길에 사당에 들러 아무리 정성 들여 기도를 올려 봐도 소원은 이루어지지 않는다. 그러던 어느 날 평생 물질한 해녀 할머니가 청력을 잃었다는 뉴스를 보고 청력을 잃어버리기 위해 바다에 뛰어드는데… 안타깝게도(?) 소리를 잃을 수 없었다. 그러니 어쩔 수 없이 소리를 잃은 척하며 가족들만 가진 그 소리 없는 세계 속으로 들어가 보는 수밖에.

이 영화는 혼자만 소리를 들을 수 있는 코다, 보리의 들리지 않는 세계에 대한 동경과 호기심을 그렸다. 감독 자신의 이야기를 담았다고 한다. 그런 경험 때문인지 감독은 들리는 세계와 들리지 않는 세계를 이분법적으로 나누어 들리는 세계는 정상적이고 좋은 세계, 들리지 않는 세계는 불완전하고 불행한 세계로 그리지 않는다. 자막도 일반적인 영화들의 경우와 달리 청인의 언어 위주로 하지 않고 수어 체계를 따른다. 조사 없이 단순한 명사의 나열처럼 이루어진 자막에는 훨씬 수어의 느낌이 살아 있다. 단어만 나열해도 말을 이해하고 공감하는 데 전혀 문제가 되지 않음을 자각하면서, 서로의 세계를 이해하는 일이 그리 어렵지 않음을 자막을 통해 느낄수 있다.

여기에서 소개할 또 다른 작품은 〈데프 유〉로, 갤러뎃대학교에

다니는 여섯 명의 청각장애인 이야기를 담은 다큐멘터리드라마다. 미국 워싱턴 D.C에 위치한 갤러뎃대학교는 청각장애인들을 위한 유서 깊은 사립대학교로 '코다'라는 용어를 처음 사용한 마일리 브라더가 이 대학 출신이며, 윌리엄 스토키가 1960년대 처음으로 수어를 언어학적 관점에서 연구한 곳이기도 하다.

사이예나, 로드니, 데이퀸, 알렉사, 레나테, 돌턴, 이 여섯 사람을 중심으로 펼쳐지는 이야기와 인터뷰를 통해 미국식 수어와 청각장애인의 문화를 엿볼 수 있다. 이들은 소통하는 방법이 듣는 우리와 다를 뿐, 연애하고 클럽 가고 일하는 일상은 보통의 미국 젊은이들과 다를 바가 없다. 언어 장애 때문에 겪는 불편함과 차별에 대한 이야기도 굳이 따로 하지 않는다. 자연스럽게 담긴 일상의 모습에서 시청자가 보이는 대로 느끼면 된다.

사이예나는 많은 구독자를 가진 유튜버이며 수어와 구어를 함께 사용한다. 청인의 세계와 농인의 세계 양쪽을 잘 이해하는 한편, 두 세계 사이에서 농문화가 가진 보수성과 정체성을 고민하기도 한다. 레나테는 청각장애와 레즈비언이라는 소수성을 동시에 가지고 있으며, 로드니와 데이퀸은 같은 흑인이면서도 가정환경과 경제적 여건이 다른 계층의 차이를 가지고 있다. 출연하는 모든 이들이 청각장애라는 공통점을 가지고 있으면서도 젠더와 인종, 계층 등 저

227

마다 다양한 입장 차가 그들의 이야기를 통해 자연스럽게 드러난다는 점이 흥미롭다.

내게 인상 깊게 다가온 장면들이 있다. 사이예나와 레나테가 카페에서 만나 이야기를 나누는데, 서빙하는 사람이 물병을 테이블 위에 놓고 갔다. 그러자 둘이 물병을 보며 '농인 친화적'이지 않다며 불만스럽게 수어로 대화하는 장면이 나온다. 물병이 둘 사이 정가운데 있으면 수어로 대화하는 데 방해가 된다는 것이다. 또 한번은 농인 친구들 여럿이 식당에 둘러앉아 있는데, 그때도 그들은 '농인 친화적'이지 않은 가구 배치에 불만을 토로하며 서로의 수어가 잘 보이도록 의자와 탁자를 다시 배치했다.

그 장면들을 보고 나는 좀 충격을 받았다. 그동안 내가 누누이 강조해 온 '장애 친화적'이란 말을 그 장면들에서 전혀 떠올리지 못했고, 심지어 그들이 불편해하는 부분을 거의 눈치채지 못했기 때문이다. 그동안 내가 얼마나 많이 휠체어의 접근이 불가능하거나 편리하지 않은 구조에 대해 '장애 친화적'이지 않다는 말을 해 왔던가. 그런데 농인 친화적이지 않은 불편함이 내 눈에는 하나도 보이지 않았던 것이다. 나와 다른 장애에 대해서는 모르는 게 더 많은 무지한 사람이었던 거다. 그러나 그 무지가 마냥 부끄럽기만 하지 않은 것은 그 부끄러움이 새로운 공감과 이해의 출발점이기 때문이다. 나와 다른 이에게 무지했던 부끄러움으로 스스로 되묻는다. 어떻게 더 잘 소통할 것인가?

입장도 형편도 상황도 모두 다른 각양각색의 사람들이 어떻게 하면 서로를 더 이해하고 소통할 것인가? 그 대답을 이 두 작품을 통해 건네고 싶었다. 〈나는보리〉와 〈데프 유〉는 서로 소통하는 방법이 달라도 얼마든지 전하고자 하는 뜻을 주고받을 수 있음을 보여 준다.

보리가 소리를 잃고 싶었던 이유는 가족과의 소통이 어려워서가 아니다. 그저 가족들이 느끼는 것들을 더 깊이 더 세밀히 이해하고 싶었기 때문이다. 또 〈데프 유〉의 주인공들이 보여 주는 이야기는 멀고도 낯선 외계인들의 이야기가 아니라, 바로 이 시대 우리 곁에 있는 사람들의 이야기다. 다만 소통하는 방법이 조금 다를 뿐, 그들을 이해하고 공감하는 데에는 언어가 전혀 문제 되지 않았다.

〈나는보리〉를 만든 김진유 감독은 왜 제목에 띄어쓰기를 하지 않았을까? 나는 이것을 "내 이름은 보리"라는 의미로도 읽었고, "나는 보겠다"는 의미로도 읽었다. 영화 〈아바타〉에도 이와 비슷한 대사가 나오지 않던가. "I see you"라고. I see you… 저마다 다르지만 우리는 얼마든지 서로에게 가닿을 수 있다.

모두가
이기는 질문

　　　　　　　　　　　　"600만 불의 사나이랑 소머즈랑
싸우면 누가 이겨?", "사자랑 호랑이랑 싸우면 누가 이겨?"

　어릴 때 이런 질문 한두 번 안 해 본 사람이 있을까? 증명할 수도
없으면서 상대편과 말싸움을 벌인 적도 있을 것이다. 누가 이기든
뭐 그리 중요한 문제라고 그렇게 핏대를 높였는지 모르겠다.

　그뿐인가. 이거랑 저거 중에서 뭐가 더 좋아? A랑 B 중에서 뭐가
더 중요해? 이렇게 둘 중 하나를 선택해야 하는 질문들은 얼마나
무궁무진한가. 중요하다고 여기는 것일수록, 내가 좋아하는 것일
수록 최고 우위에 두어야 직성이 풀리는 게 사람들의 속성인가 보
다. 어린 시절부터 "엄마랑 아빠 중에 누가 더 좋아?" 같은 말도 안
되는 질문을 들으며 쓸데없는 양자택일의 강박을 키워 온 우리가
아닌가. 심지어 짜장인지 짬뽕인지, 부먹인지 찍먹인지조차도 영
원한 미제로 남겨 두지 않았던가.

　그럼 이런 질문들은 어떤가. 개인의 알 권리와 사생활을 보장받

230

을 권리는 어떤 것이 우선이어야 하는가? 여성의 자기결정권과 태아의 생명권 중 어떤 것이 더 존중받아야 하는가? 장애인의 자기결정권과 활동지원인의 권리가 충돌할 경우 어떤 권리가 우선인가? 여성의 권리와 엄마의 의무 중 무엇이 우선인가?

복잡다단한 이 시대에 누구나 한번쯤 이런 질문을 던지고 고민해야 하는 상황을 마주할 것이다. 어떤 질문은 질문 그 자체로 중요한 정답의 실마리가 되기도 하고, 더 큰 사유의 세계로 향하는 작은 문이 되기도 한다. 특히, 거미줄처럼 교차하는 다양한 개인의 권리와 이해관계가 서로 충돌할 때 우리는 어떤 질문과 답을 내놓아야 할까? 드라마 〈그냥 사랑하는 사이〉의 한 장면을 통해서 그런 질문을 한번 해 보려고 한다.

〈그냥 사랑하는 사이〉는 백화점 붕괴 사고 현장에서 살아남은 두 남녀가 서로의 상처를 보듬으며 사랑하게 되는 과정을 그린 멜로드라마다. 단지 멜로로 그치지 않고 삼풍백화점 붕괴 사고를 통해 우리 사회가 경험한 트라우마를 다루었다는 점에서 의미가 있었다.

13화에는 특별한 에피소드가 등장한다. 휠체어를 타는 장애인 웹툰 작가 완진이 친구인 문수와 강두 커플을 위해 자리를 피해 주려고 밖으로 나오면서 벌어지는 일이다. 웹툰 작업을 돕는 진영과 함께 완진이 휠체어를 타고 밤길을 다니다가 어느 디저트 카페에 들어서려다 문제가 발생했다. 카페 입구에 턱이 있어 휠체어가 못 올라가는 상황이 된 것이다. 카페 문을 열고 휠체어를 들어 올리려고 한참을 쩔쩔매고 있는데, 이를 본 카페 사장이 걸어 나온다.

사장: 저, 죄송한데 카페 문을 이렇게 열어 두시면 손님들이 추우니 문을 좀 닫아 주세요.

완진: 사장님, 근데 여기 원래 경사로 있지 않았나요?

사장: 있었는데 손님들이 발이 걸린다고 불편해하셔서 없앴어요.

진영: 아니, 있는 경사로도 없애 버리면 휠체어 탄 분들은 이 카페에 어떻게 옵니까?

사장: 저희 카페에 장애인들은 잘 안 오세요~

진영: 이러니까 안 오는 게 아니라 못 오는 거죠!

대충 이런 상황이 전개되었다. 경사로가 없어서 장애인이 카페에 들어갈 수 없는 상황을 드라마가 꽤 섬세하게 잘 짚어 주는구나 생각할 즈음, 다음 장면이 이어진다. 진영과 카페 사장이 주고받는 이야기에 가타부타 말을 섞지 않고 도도하게 돌아선 완진이 누군가에게 전화를 걸어 이렇게 말한다.

232

"이 건물 아래층 디저트 카페 계약 기간이 얼마나 남았죠? 여기 재계약하지 말아 주세요."

곁에서 듣고 있던 진영이 깜짝 놀라 묻는다.

"누나 건물주셨어요?"

어떤 사람에게는 이 장면이 통쾌하고 시원했을까? 있는 경사로도 없애 버리고 장애인 손님 하나쯤은 못 들어와도 상관없다고 여기는 개념 없는 카페 사장을 시원하게 내쫓을 수 있는 장애인 건물주라니…. 상위 1퍼센트쯤 되는 장애인 건물주라면 속이 뻥 뚫리는 시원한 복수의 한 방을 날릴 수 있겠지. 하지만 엄밀히 말해 그것은 복수가 아니다. 아무리 정당한 이유라 해도, 아무리 예쁘게 포장하더라도 돈과 권력으로 누군가를 강제로 짓누르고 권리를 침해한다면 저열한 갑질에 불과하다.

조물주보다 대단하다는 건물주의 힘으로 드라마에서는 쉽고 간단하게 해결해 버리지만, 대부분의 가난하고 힘없는 장애인들은 어떻게 할까? 번거롭게 민원을 넣고, 인권위원회에 제소하고, 피 끓는 시위와 연대 투쟁을 하고… 이렇게 지난하고 힘든 싸움을 치르고 나서야 겨우겨우 이뤄 낼 수 있을까 말까 한 일이다. 싸워도 얻어 내지 못하는 것들은 또 얼마나 많은가. 현실이 이러하니 시원한 한 방을 꿈꿔 볼 수도 있을 것이다. 그러나 완진이 건물주로서의

'쉬운 해결'이 아니라 어렵더라도 장애인 고객으로서 정정당당하게 해결하는 과정이 그려졌더라면 현실에 대한 더 현명한 제안이 되지 않았을까 하는 아쉬움이 들었다.

이와 같이 장애인의 권리와 임차인의 권리가 충돌할 때 어떤 권리가 우선해야 하는가? 이 장면에선 이렇게 질문해 볼 수 있겠다. 의미 있는 질문을 던져 주었다는 점에서 고무적인 장면이기도 하다. 그러나 이제는 "엄마가 좋아, 아빠가 좋아?" 같은 양자택일 식의 질문과 답을 그만두자. 약자들 사이에서 권리와 이해관계가 충돌할 때 양자택일을 요구하는 답은 무의미한 논쟁만 낳을지 모른다. 옛날 우리가 슈퍼맨과 배트맨의 싸움을 두고 그랬던 것처럼.

날마다 쏟아지는 뉴스 속에서 수없이 얽히고설킨 권리와 권리의 충돌이 내는 소음이 가득한 요즘이다. 이제 우리는 슈퍼맨과 배트맨이 싸우면 '누가' 이길까가 아니라, '어떻게' 슈퍼맨과 배트맨이 싸우지 않아도 될까를 질문해야 할 때가 아닐까. 사실 슈퍼맨과 배트맨은 애초에 싸울 필요가 없었다.

세상에서 벌어지는 다양한 약자 간의 권리 충돌도 그런 것 아닐까? 누구도 지지 않고 누구도 빼앗기지 않는 공정한 저울추의 지점을 함께 찾는 일, 우리는 이제 그 지점을 물어야 한다.

당신은 좋은 사람입니까, 옳은 사람입니까?

영화를 '좋은 영화'와 '나쁜 영화'로만 구분한다면 〈증인〉은 분명 '좋은 영화'일 것이다. 그러나 좋은 메시지를 담고 있다는 측면에서 '좋은 영화'라는 뜻이지, 잘 만들어진 '웰메이드' 영화라는 의미는 아니다. 내가 너무 야박한가? 이 영화에 쏟아진 극찬들 때문에 너무 기대했던 탓인지도 모르겠다. 모두 칭찬 일색이니 나 하나쯤 조금은 삐딱해도 되지 않을까. 그래서 이 지면에서는 굳이 칭찬을 보태지 않고 아쉬운 점만 언급해 보기로 한다.

양순호는 민변 활동을 그만두고 이제 막 대형 로펌에 취직해 새롭게 출발하는 변호사다. 그는 대기업 의뢰인들에게 다소 불편하게 여겨질 수 있는 그간의 자신의 이미지를 바꾸고 승진하기 위해 세간의 이목이 집중된 사건 하나를 로펌 대표로부터 권유받는다. 그것은 80대 노인을 살해한 혐의를 받고 있는 가정부 오미란의 국선변호를 맡는 것. 살인 용의자의 무죄를 입증하려면 유일한 목격자인 자폐 소녀 지우를 증인으로 세워야 한다. 영화는 순호가 지우를 재판의 증인으로 세우기 위해 닫힌 지우의 마음을 여는 과정과 사건의 진실을 파헤치는 이야기로, 다소 뻔한 클리셰의 영화다. 다만 자폐를 가진 지우와 순호의 이야기를 어떻게 다루는가와 사건의 반전이 얼마나 신선한가가 뻔한 이야기를 뻔하지 않게 만드는 중요한 핵심이 될 것이다.

우선, 스토리 측면에서 뻔한 클리셰를 넘어서고도 남을 만큼 기대 이상의 이야기 전개를 기대했는데, 기대만큼 내 가슴을 쿵 때리지 못했다. 예측대로 흘러가지 않고 허를 찌르는 반전의 묘미가 있어야 흥미로울 텐데, 처음부터 끝까지 예상을 한 치도 빗나가지 못했다. 그래서 김빠진 콜라처럼 맛이 없어져 버렸다. 설령 뻔하게 흘러가더라도 예측 너머의 감성을 미처 상상하지 못한 방법으로 찔러 주어야 감동일 텐데 그러지도 못했다. 일단 관객으로서 가지는 감정적 기대는 그렇게 무너졌다.

감성이 아닌 이성적인 측면으로 바라보자면 내가 가장 납득하지 못하고 의문을 품은 지점은 바로 이것이었다. 지우는 왜 결국, 특수학교로 전학을 갔을까? 지우가 가진 문제를 해결하기 위해 '통합'이 아니라 특수학교로 가는 '분리'를 선택하다니! 영화가 줄곧 다른 세상에 대한 이해와 공감을 말해 오다가 전혀 다른 방향으로 엇

236

나가는 느낌이었다. 일반 학교에서 반 아이들에게 왕따를 당하고 친구라고 믿었던 아이에게마저 폭력을 당하는 지우의 모습이 오늘 우리 사회 현실일 수 있겠다. 그러나 그런 현실을 보여 준 다음에 이 영화가 제시한 해결 방법은 이렇게 말하는 것처럼 들린다. "그러니까 너랑 다른 아이들 속에서 정상인 척 애쓰지 말고 비슷한 아이들 속에서 너답게 사는 게 좋은 거야!"

지우의 등하교를 돕는 신혜는 늘 "자폐애들은…"이라며 쉽게 지우를 단정 짓고 무시하곤 한다. 겉으론 지우를 돕는 착한 친구인 척 하지만 뒤에서는 몰래 지우에게 폭력을 행사하는 이중적인 모습을 보이기도 한다. 그런데 신혜의 폭력적 태도는 지우와 함께 다닌다는 이유로 가해지는 다른 아이들의 조롱과 폭력에서 기인하는 것인지도 모른다. 지우에게 폭력을 가하긴 했지만 비 오는 날 지우에게 우산을 던져 주고 도망치듯 가 버리는 신혜의 모습에서 죄책감과 망설임이 느껴진다.

죄책감과 망설임은 지우와 신혜 사이가 좋은 우정으로 발전할 수 있는 가능성으로 읽히기도 하는데, 영화는 그 둘의 관계를 풀지 않았다. 결말에 이르러서 지우는 특수학교로의 전학을 선택해 버리고, 자기 같은 아이들 속에서 정상인 척하지 않아도 되니 좋다고 말하며 선택을 합리화한다. 신혜가 지우와 다른 아이들을 이어 주는 소중한 징검다리가 되어 줄 수도 있었을 텐데 말이다.

"당신은 좋은 사람입니까?"

지우가 변호사 양순호에게 묻는 이 질문이 이 영화의 주제다. 그러나 나는 세상을 바꾸는 것은 결국 '좋은(good)' 사람이 아니라 '옳은(right)' 사람이라고 생각한다. 영화 속에서 지우가 사람들의 좋아 보이는 표정만으로는 그 사람의 진짜 내면을 알 수 없는 것과 마찬가지로, '좋다'는 것은 다분히 상대적인 것이어서 단순히 좋은 것만으로는 충분하지 않다. 순호 역시 겉으로 드러나는 모습만으로는 '좋은 사람'을 정확하게 구분해 내지 못하지 않았던가. 순호가 그 힘든 사건 추적 과정을 거치며 무죄를 증명해 내고 싶었던 불쌍하고 억울한 가정부 아줌마가 사실은 잔인한 살인자였음을 그조차도 알지 못했으니 말이다.

물론 "당신은 좋은 사람입니까?"라는 질문은 영화 속에서 불의한 현실과 타협하려는 순호를 자각시키는 중요한 화두가 되었고, 그는 결국 법조인으로서 옳은 선택을 했다.

"자폐인들은 저마다의 세계가 있어요. 나가기 힘든 사람과 소통하고 싶으면 당신이 거기로 들어가면 되잖아요."

영화 속 대사처럼 나와 다른 세계를 살고 있는 발달장애인의 세계 속으로 먼저 들어갈 수 있는 사람이 되어야 한다는 것 자체는 참 좋은 메시지이고 좋은 생각임에 틀림없다. 그러나 지우가 겪고 있는 우리 사회의 나쁜 환경들은 단순히 좋은 사람만으로는 바꿀 수가 없다. 단지 '좋은 사람'이 되는 것만으로 세상을 바꾸기에는 무력할 뿐이다.

그런데 영화는 순호 한 사람만 좋은 사람으로 만들고, 나쁜 세상을 피해 자기와 닮은 아이들이 있는 특수학교로 지우를 보내는 선택을 했다. 지우가 스트레스를 덜 받고 편안할 수 있는 좋은 선택일지는 몰라도 결코 옳은 선택이라고 할 수는 없을 것이다. 세상에는 불편하고 아프지만 옳은 선택을 해야 할 때도 있고, 옳은 일을 하며 계속 좋은 게 좋을 수만은 없는 일들도 많기 때문이다.

발달장애인이 등장하는 우리나라 영화들을 보면 대개 한 사람의 '좋은 사람'을 내세우고, 그 사람의 힘으로 영화를 이끌고 가는 경향이 있다. 오래전 영화로 거슬러 올라가 보면 〈말아톤〉에서는 헌신적이고 좋은 엄마가 있었고, 〈채비〉에서도 역시 좋은 엄마가 빠지지 않았으며, 〈그것만이 내 세상〉에서는 좋은 형이 있지 않았던가. 발달장애인 주인공들이 살아갈 세상의 책임을 오직 좋은 사람, 혹은 가족이 오롯이 떠안고 '좋은 세상'의 문을 열기 위해 노력하는 모습을 보여 주었다.

그 좋은 사람이 〈증인〉에서는 순호인 셈인데, 이제는 좋은 한 사람만이 애쓰는 노력 말고 '좋은 세상'에 대해 좀 더 나은 대안을 제시하고 '함께' 만들어 가는 이야기를 해 주면 안 될까. 좋은 한 사람의 영향력을 무시하려는 게 결코 아니다. 다만 한 사람에게만 노력과 책임의 무게를 지우지 말고 이제는 여럿이 나누는 모습을 보고 싶을 뿐이다.

이 영화에서 아쉬운 점이 하나 더 있다. 자폐에 대해 잘 다루었다는 극찬을 듣는 작품임에도 불구하고, 이 영화 역시 지우를 평범한 장애인이 아니라 슈퍼 장애인으로 그렸다는 점이다.

〈말아톤〉의 초원이는 달리기를 겁나 잘해요.

〈그것만이 내 세상〉의 진태는 피아노를 겁나 잘 쳐요.

〈증인〉의 지우는 기억력이 겁나 좋아요.

사람들의 기억에는 이런 것들이 더 선명하게 남아서 무의식적인 편견이 되지 않을까 염려스럽다. 모름지기 천재적인 능력 하나쯤 있어 줘야 자폐 아닌가요? 그동안 봐 온 영화나 드라마들은 사람들에게 이런 인식을 심어 주기에 충분했다. 영화 속 지우를 보고 나서 앞으로 발달장애인을 만나는 사람들이 물방울 넥타이, 물방울 손수건을 내밀며 물방울이 몇 개인지 맞혀 보라고 하면 어쩌나 걱정이 들 정도였다.

다분히 천재적인 면모를 가진 슈퍼 장애인을 보여 줌으로써 현실의 평범한 장애인들이 오히려 더 무가치한 존재로 폄하되는 것. 이것이 바로 슈퍼 장애인의 등장이 가져오는 폐해일 텐데, 〈증인〉 역시 그 한계를 넘어서지 못했다는 점에서 아쉽다. 세상에는 슈퍼 장애인이 아닌 평범한 장애인들이 고군분투하며 평범한 일상을 '살아 내고' 있다. 그러나 특별히 고군분투하지 않아도, 가까스로 '살아 내는' 것이 아니라 모든 일상을 그저 평범하게 '누릴 수 있는' 세상이 정말 좋은 세상일 것이다. 그리고 그런 좋은 세상은 '옳은' 사람들이 옳은 생각을 하고 옳은 선택을 할 수 있을 때 비로소 다가오는 것은 아닐까.

한편, 〈증인〉의 시나리오를 쓴 문지원 작가가 3년 만에 선보였던 드라마 〈이상한 변호사 우영우〉가 매회 최고 시청률을 경신하며 뜨거운 반응 속에 최근 막을 내렸다. 〈증인〉의 후속작으로 내놓은 듯한 느낌인데, 전작보다 훨씬 성장하고 진일보한 면면을 보여 주고 있어서 그 점에 대해서 일단 칭찬해 주고 싶다. 전작을 넘어서기 위해 얼마나 고민하고 발품을 팔았을지, 그 열심의 흔적들이 드라마 곳곳에 묻어나 있어서 열심도 능력이라는 점에서 능력 있는 작가임을 인정하지 않을 수 없다.

이 드라마에 대해서는 워낙 다방면의 사람들이 다각적인 시선으로 토론과 논쟁을 이어 가고 있어 이 지면에서는 길게 이야기하지 않으려 한다. 다만 앞서 〈증인〉에서 언급했던 '좋은 사람'이 베푸는 구원이 〈우영우〉에서는 그려지지 않아서 좋다. 여기에 등장하는 최수연, 정명석은 물론 친구인 동그라미까지 무조건 약자 편에서 울끈불끈 용기를 내고 훈계하는 순전한 '좋은 사람'이 아니다.

마치 〈증인〉의 신혜가 성장해 온 듯한 최수연은 우영우를 동정하고 안쓰러워하면서도 늘 우영우에게 1등을 빼앗겨 질투하던 과 동기이자 직장 동료이다. 주구장창 이어지는 우영우의 고래 얘기를 경청해 주는 준호에게 냉정히 선을 그으라고 조언하는 그녀는 우영우를 늘 잘 챙기는 좋은 사람이라기보다 마지못해 해야 할 일을 하는 사람에 더 가깝다. 늘 공명정대한 시니어 변호사 정명석은 어떤가. 로펌 대표로부터 우영우의 이력서를 받아들었을 때 앞장의 화려한 이력보다 뒷장에 기록된 '자폐성 장애' 한 줄에 좌지우지되었던 사람이기도 하다. 그러나 드라마에서 그들이 내내 우영우에게 보여 주는 태도는 함께 일하는 동료로서 매 순간 옳은 것을 선택하는 사람들이라는 점에서 내겐 〈증인〉의 후속 실전편으로 여겨진다.

세상에 착한 사람은 없다! 이타와 이기 사이에서 아슬아슬하게 줄을 타며 매 순간 흔들리는 존재가 있을 뿐이다. 우영우 같은 사람 곁에서 항상 '좋은 사람'이 되어야 한다고 강조되면 결국 권민우 같은 사람들이 생겨나기 마련이다. 그저 함께 사는 공동체 안에서 서로를 위해, 더 나은 공동체를 위해 '옳은 것'을 선택하고, 그것이 가능하도록 함께 노력하며 같이 만들어 가는 세상이 '좋은' 세상이 되는 것이다. 우영우에 대해 쏟아지는 여러 논란을 차치하고, '좋은 세상'을 향한 옳은 선택의 모습을 보여 주는 드라마라는 점에서 좋은 드라마라고 생각한다.

마지막으로 내게 가장 선명하게 남은 대사로 이 글을 맺을까 한다.

"하지만 우영우 변호사는 정명석 변호사가 아니잖아요. 나랑은 완전히 다른 사람인데 무슨 조언을 하겠어요. 난 그저 우영우 변호사의 결정이 궁금할 뿐이에요."

진실을 밝혀 사회정의를 실현할 것이냐, 의뢰인의 이익에 충실할 것이냐 고민에 빠진 우영우에게 정명석이 선배로서 조언하던 말이다. 그의 말처럼 정명석은 정명석이니까 정명석처럼 살고, 우영우는 우영우니까 우영우처럼 살아도 각자의 다른 방식을 인정하며 매일매일 '뿌듯한' 성취들을 이루도록 서로 응원하고 함께 살아간다면 세상은 얼마나 아름답고 따뜻해질까. 나는, 그런 바다를 꿈꾸는 외뿔고래다!

장애인과 노인,
연민과 경멸 사이

나는 이렇게 '늙음', '노인'에 대한 공포를 서늘하게 그려 낸 작품을 본 적이 없다. 영화 〈더 비지트〉는 그 제목처럼 손주들이 외조부모 댁을 처음으로 '방문'하며 겪게 되는 이야기다. 두 손주의 방문 목적이 가족 다큐를 찍기 위해서인 만큼 이 영화는 아이들이 찍는 카메라의 시선으로 이루어져 있다. 아이들의 카메라를 통해 보이는 화면은 불안정하게 흔들리며 더욱 현실적 공포를 자아낸다.

엄마는 오래전 가출하면서 외조부모와 관계를 끊었는데, 아이들은 가족 다큐를 만들어 엄마와 외조부모 사이에 화해를 이끌어 내고 싶었다. 무작정 사랑을 좇아 부모를 떠났던 엄마는 그토록 사랑했던 사람과도 이혼했고, 부모님을 향해 미안함과 그리움을 느끼던 참이기도 해서 두 아이의 외가 방문을 굳이 반대하지는 않는다.

자, 그럼 말로만 듣던 외조부모 댁을 처음 찾아간 아이들의 눈앞엔 할머니, 할아버지의 따뜻한 사랑과 용서 가득한 훈훈한 풍경이 펼쳐졌을까? 예측할 수 있듯이, 공포영화 딱지 붙은 영화답게 처음에 인자해 보이던 할머니와 할아버지는 갈수록 아이들의 눈에 이해 불가하며 공포스럽기 그지없는 인물로 변해 간다.

〈식스 센스〉로 반전의 대명사가 된 나이트 샤말란 감독이 이 영화에 담아낸 반전은, 알고 보니 아이들이 만난 노인들은 그들의 외조부모가 아니라는 것 정도인데, 영화를 보는 동안 충분히 예상했던 것이어서 샤말란 감독답지 않은 싱거운 반전이긴 하다. 그러나 그가 이 영화에서 그려 내는 공포는 남다르다.

영화에서 아이들은 날것의 '노인'과 '늙음'을 마주하고 공포를 느낀다. 할머니는 밤만 되면 멍하니 넋을 빼놓고 온 집안을 헤매고 다니고, 할아버지는 지독한 냄새와 파리로 들끓는 헛간에서 총기를 다듬는데 아이들이 몰래 훔쳐보니 배설물이 가득한 기저귀가 지저분하게 쌓여 있다. 이에 대한 아이들의 반응은 혐오에 가깝다. 더럽다, 냄새난다, 우웩! 그런 아이들에게 할머니는 "할아버지가 그렇게 기저귀를 헛간에 몰래 쌓아 두는 이유는 자존심 때문"이라고 설명한다. 다 큰 어른인 남자가 용변을 제대로 조절하지 못해 기저귀를 차야 한다는 사실을 아내인 자기에게조차 숨기고 싶어 한다는 것이다.

그렇게 말하는 할머니는 또 어떤가. 밤마다 아이들이 이해할 수 없는 기묘한 행동을 하는 것은 물론, 낮에도 뭔가 오싹해지는 모습이다. 할머니가 TV를 켜 놓고 벽을 향해 돌아앉아 음산하게 끊어질 듯 웃어 젖히자, 손녀는 무서움을 느끼면서도 다가가서 왜 그러냐고 묻는다. 할머니는 우울함을 들키기 싫어 그렇게 웃는 거라고 무표정하게 답한다.

이 두 노인을 바라보는 아이들도 정서적으로 무언가 불안정하긴 마찬가지. 사랑해서 가출까지 해 가며 결혼했다던 엄마와 아빠는 결국 이혼을 했고, 그 때문에 엄마는 우울증과 상실감에 시달리다 이제 막 새 남자 친구가 생긴 참이다. 아이들의 눈엔 어른들의 지독한 사랑이란 것도 그저 허술하고 이해할 수 없는 것에 불과할 테다. 믿고 의지했던 아빠를 잃은 상실감 때문에 동생 타일러는 결벽증까지 생겼다. 결벽증인 타일러에게 기저귀를 차는 할아버지는 더러움을 넘어 공포다. 낯선 환경이 아이들에겐 점점 공포스러워지고 그만큼 아이들이 든 카메라의 시선은 흔들린다. 흔들리는 시선을 따라가는 관객 역시 공포를 느끼지 않을 수 없다.

엔딩이 허술해서 급실망했지만, 일반적으로 '젊은' 사람들이 노인에게 가지는 공포와 '늙음'에 대한 거부감을 신랄하게 그렸다는 점에서 영화의 '새롭게 보여 주기' 차원에서는 성공한 셈이다.

지금의 우리 사회에서 노인이 된다는 것은 어쩌면 이 영화만큼이나 무서운 일이다. 신체적인 기능 상실과 질병은 노화에 따른 자연스러운 현상이니 어떻게든 받아들인다 해도, 늙음과 동시에 더 가난해지는 사회 구조 속에서 노인이 된다는 것은 무엇이 튀어나올지 모르는 공포영화 그 자체가 되는 일일지 모른다.

게다가 장애인으로서 노인이 되는 것은 어떤가? 노화에 따른 신체적 장애가 가중되면서 일상생활에 필요한 활동지원이 충분히 제공되지 않는다면 생계는커녕 생존 자체를 위협받을 수밖에 없다. 그럼에도 장애인은 65세 노인이 되면 노인장기요양 서비스로 강제 전환되면서 기존에 받아 오던 활동지원 서비스가 중단되는 치명적인 문제가 있었다. 장애계의 지속적인 요구로 2022년부터는 65세가 되어도 활동지원 서비스를 받을 수 있도록 법이 개정되긴 했지만 문제는 여전하다. 65세 이상 장애 노인이 받을 수 있는 활동지원 급여는 장기요양 급여에 보전 급여 차원으로 제공되는 것이어서 서비스 시간이 현저히 줄어들 뿐만 아니라 그마저도 극히 제한적이라 장기요양 급여자 10명당 1명 꼴로만 활동지원 급여를 받을 수 있다. 그래서 예산의 논리로만 짜여진 급여 체계라는 장애계의 볼멘 지적이 이어지고 있다.

장애인은 늙어 갈수록 더 가난해질 것이고 더 무력해질 것이고 장애는 더 심화될 것이다. 그런데 사회의 인식과 구조는 불안하고 신뢰할 만하지 않다. 아무리 밝은 미래를 그려 보려 해도 지독한 가난과 옴짝달싹할 수 없는 무력함만이 암울하게 그려질 뿐, 노년에 펼쳐질 불안한 미래는 공포영화보다 무섭다.

　장애인과 노인은 의료적으로도 사회적으로도 공통점이 많다. 그렇다면 장애인과 노인은 얼마나 서로 공감하고 연대할까? 안타깝게도 연대는커녕 적대감으로 팽팽한 날들이 얼마나 많은지 모른다. 지하철 등 공공장소나 다양한 일상의 장소에서 심심찮게 노인들의 무례를 경험할 때마다, 자기주장을 내세우느라 핏대 높여 악다구니를 써 대는 노인들을 볼 때마다 종종 '혐오'를 넘어 '공포'를 느낀다. 촛불과 태극기가 서로 날을 세우고 광장에서 맞설 때 우린 그 혐오와 경멸의 극치를 경험하지 않았던가. 그럴 때 나는, 노인에 대해 알 수 없는 내 미래로서의 불안과 연민, 그리고 나를 위협하는 적대적 존재로서의 공포를 동시에 느낀다. 이해할 수 없는 존재에게서 느끼는 공포. 이 영화엔 그런 공포로 가득한데, 곳곳에서 연민 또한 느끼게 되는 것은 거기에 내가 있기 때문이다. 공포를 넘어서 끝내는 슬픔을 느끼게 되는 이유가 바로 거기에 있다.

　그럼 나는 어떻게 늙어 가야 할까? 고민하고 궁리할 일이다.

모든 이가
나빌레라

'늙음'은 장애만큼이나 부정적으로 사람들에게 인식된다. "이젠 늙었나 보다"라는 혼잣말은 서글픈 탄식이기 일쑤며, 타인에게 "늙어 보인다"는 말을 곧이곧대로 했다간 욕 먹기 십상이다. 늙어 보이지 않으려고 안간힘을 쓰는 사람들이 있어 성형이며 다이어트며 뷰티 산업은 늘 호황을 누리고, '동안'이란 말은 최고의 칭찬으로 여겨진다.

늙음은 비단 이 시대 우리만의 공포가 아니다. 학창 시절 옛사람의 시조 〈탄로가〉를 외우며 늙음에 대한 탄식을 먼저 배웠고, 늙지 않게 해 준다는 불로초를 구하기 위해 수많은 사람을 희생시켰던 진시황의 탐욕을 익히 들어 오지 않았던가.

'늙음', '노인'에 대한 공포는 나이트 샤말란 감독이 〈더 비지트〉를 통해 선연하게 보여 준 바 있다. 밤이면 온 집안을 좀비처럼 헤매며 다니고 가끔씩 혼자 벽을 향해 돌아앉아 끊어질 듯 웃어 젖히는 섬뜩하고 음산한 할머니의 모습이나, 배설물 묻은 기저귀로 가득한 헛간에 멍하니 앉아 무감각하게 총기를 다듬는 할아버지의 모습. 남매의 시선을 통해 보이는 이런 기괴한 노인의 모습으로 늙음에 대한 공포와 두려움을 생생하게 보여 주었다. 노화를 상실, 결여, 비정상, 쓸모없음, 무기력 등으로 인식하는 것은 장애에 대한 부정적인 인식들과도 맞닿아 있다.

늙음에 대한 부정적인 인식이 〈더 비지트〉에서 공포로 표현되었다면, 〈아무르〉는 비극이다. 이 영화는 반신불수가 된 아내를 혼자 돌보다 결국 아내의 안락사를 감행하는 남편의 이야기다. 사랑을 뜻하는 '아무르'라는 제목처럼 사랑하는 이를 위해 죽음을 돕는, 인간의 또 다른 선택과 '사랑'에 관한 이야기를 표방하지만, 이 영화 역시 '늙음'에 대한 부정적 인식이 비극적으로 담겼다. 아내의 안락사를 감행하는 남편, 그리고 그것을 받아들이는 아내. 이 부부에게 노화로 인해 겪는 신체적·정신적 상실은 인간의 존엄을 뒤흔드는 죽음보다 못한 고통으로 인식된다. 그래서 보는 내내 안타깝고 고통스럽다. 그럴 수만 있다면 결코 늙고 싶지 않고 격렬하게 노인이 되고 싶지 않아진다.

한편, 드라마 〈나빌레라〉는 '늙음'에 대해 앞의 두 영화와는 다른 시선을 보여 주었다. "내 나이가 어때서"라는 유행가 노랫말처럼 나이나 노화의 한계에 얽매이지 않는 인간 본연의 아름다움을 느끼며 위로를 받았던 드라마다.

웹툰을 드라마화한 〈나빌레라〉는 일흔에야 오랜 꿈이던 발레를 시작하는 덕출과, 꿈 앞에서 방황하는 스물셋 발레리노 채록의 성장을 그린 드라마다. 덕출은 어릴 적부터 발레를 동경했지만 지독하게 가난한 형편에 감히 발레는 입 밖으로도 내지 못하고 평생 가슴에만 간직하고 살다가, 일흔이 넘어서야 비로소 배워 볼 용기를 내 본다. 이런저런 절박한 사정으로 발레 학원을 휴학하고 방황하던 채록은 덕출의 끈질긴 설득으로 덕출에게 발레를 가르치고, 덕출은 채록의 제자이자 매니저를 자처하며 특별한 인연을 만들어 가는데 노년과 청춘의 아름다운 어울림이 더 없는 감동을 준다.

이 드라마에서 노인인 덕출이 보여 주는 가장 아름다운 미덕은 실패와 좌절 앞에서 방황하는 젊은이들에게 소위 꼰대처럼 지적하거나 충고하지 않는다는 점이다. "다 잘될 거야"라는 속 빈 낙관으로 희망 고문을 하지도 않으며, 어른으로서의 시대적 책임에 대해서도 눈 감지 않고 언제든 따뜻한 품을 내어 준다. 이 시대 바람직한 '어른'의 상을 따뜻하게 제시해 주었다. 심덕출 할아버지처럼이라면 '늙어도 좋겠다!'는 마음이 들 만큼.

특히, 알츠하이머에 걸린 노인을 무섭거나 불쌍하거나 짐스러운 존재로 그리지 않았다는 점이 이 드라마가 보여 준 최고의 장점이다. 알츠하이머에 걸린 심덕출은 무기력하게 자기 연민에만 빠져 있지 않는다. 알츠하이머를 진단받은 순간 마치 새로운 출발선에 들어선 사람처럼 숨을 고른다. 그러고는 누구의 아버지, 누구의 남편 등으로 수없이 역할 지어진 자신이 아닌 본연의 자신이 되어서 하고 싶었던 일을 비로소 시작한다. 나락이고 절망이 아니라 새로운 시작과 설렘으로서 늙음을 바라보는 것이다. 젊은 발레리노 채록과 나이를 초월한 우정을 쌓으며, 일방적으로 돌봄을 받고 도움을 받는 수동적인 노인의 초라한 모습이 아닌 지혜롭고 따뜻한 멘토로서의 노인을 보여 주었다.

알츠하이머에 걸린 노인을 무조건 요양원에 보내는 결론이 아니라 가족, 이웃과 더불어 살아가는 모습으로 해피엔딩을 이끈 점도 매우 고무적이었다. 알츠하이머를 비정상적이고 불행한 질병이 아니라 늙으며 자연스럽게 겪을 수 있는 변화로, 늙어 가면서 맞이할 수 있는 인간의 또 다른 모습으로 느끼도록 해 주었다. 알츠하이머 노인이 요양원이 아닌 집에서 가족과 이웃과 함께 사는 모습을 보며, 탈시설한 장애인이 지역사회에 어우러져 살아가는 모습을 연상한 것은 나뿐이었을까. 게다가 이 드라마에는 휠체어를 타고 발레하는 사람의 모습도 자연스럽게 등장한다. 노인도 장애인도 모두 우리 곁 가까이에서 함께 사는 사람들로 자연스럽게 그려졌다는 점에서도 무척 칭찬하고 싶다.

시간이 지남에 따라 닳고 헐어 가는 물건에 대해서 '낡는다'라고 표현한다. 같은 현상을 인간에 대해서는 '늙는다'라고 한다. 왜 어떤 것은 낡고, 어떤 것은 늙는다고 말할까. 〈나빌레라〉의 심덕출을 보면서 왜 인간의 나이 듦이 '낡는 것'이 아니라 '늙는 것'인지를 이해하게 된다. 시간이 지나면서 어떤 것은 썩지만 또 어떤 것은 발효되는 것과 같은 이치다. 썩고 낡는 것은 서글프지만, 늙고 발효되어 가는 것은 서글프지 않다.

낡지 말고 늙어라! 썩지 말고 발효되도록 늘 돌아볼 일이다.
누구도 자신이 부족하다고 채워 넣으려 애쓰지 말 일이다.
애초에 '정상'이란 기준 같은 것은 없으니까!
장애도 늙음도 그저 또 다른 모습이고 자연스러운 변화일 뿐이다.
헛되이 나비가 되고자 애쓰지 말아라. 이미 '나비'니까!
그러니 이제 날아오를 일만 남았다!

나비처럼 날아오르던 심덕출 할아버지가 그의 온 '늙음'으로 전하는 메시지를 설마 나만 들은 건 아니겠지?

그래도 가는 길,
그래도 사는 삶

가끔 그런 영화들이 있다. 나는 엄청 울컥하며 가슴 찡하게 봤는데 다른 관객들 반응은 영 신통치 않은 영화. 〈나는 행복합니다〉가 그런 영화 중 하나인 것 같다.

"그래도 당신이 있어서 나는 행복합니다.

애절하고 가슴 시린 영화."

카피가 이러하니 현빈과 이보영이 펼치는 가슴 시리고 애절한 멜로를 기대했을 텐데, 막상 보면 달달한 로맨스를 느낄 수 없으니 관객의 입장에서는 속은 느낌일 수밖에. 이 영화 속의 사랑은 결코 '로맨틱'하지 않다. 사실 사랑 이야기라고 봐 주기도 어렵다. 이 영화에선 잘생기고 멋진 현빈을 기대해선 안 된다. 한없이 망가지고 볼품없기까지 한 애처롭고 가엾은 남자가 있을 뿐이다.

치매에 걸린 엄마와 엄청난 도박 빚을 남기고 자살한 형, 그래서 버겁기만 한 삶으로부터 도망치고 싶었던 주인공 만수는 결국 정신을 놓아 버렸다. 과대망상증으로 정신병원에 입원하게 된 만수는 그곳에서 수경을 만난다. 직장암 말기인 아버지를 간호하며 힘든 하루하루를 보내고 있는 수간호사 수경, 그녀의 삶 역시 악몽이다. 애인에게 버림받고 월급마저 차압당하며 괴로운 현실을 위태롭게 견디고 있는 그녀에게 병원비에 보태라며 종이에 '천만 원'이라고 써서 서슴없이 쥐여 주는 과대망상증 환자 만수는 한 줄기 따사로운 위안이다.

정신을 놓으면서까지 필사적으로 현실에서 도망치고 싶은 사람을 굳이 잔인한 현실로 되돌려 놓는 게 맞는 걸까? 영화에 몰입하다 보면 이런 생각에까지 이른다. 만수의 담당의 형철의 집요한 치료 행위를 보고 있노라면 의사로서 당연한 조치임에도 불구하고 오히려 잔인한 일처럼 느껴진다. 병적인 착각일지라도 '제발' 그 행복 속에 만수를 내버려둘 수는 없을까 하는 안타까움에, 냉철한 직업의식만 있는 형철을 향해 미운 감정마저 느끼게 된다.

또 직장암 말기인 아버지의 고통을 바라보는 수경은 어떤가. 아버지는 고통스러운 생명을 애써 이어 가고 싶지 않다. 병원비 걱정과 병 수발에 지쳐 환자인 자기보다 더 수척해 가는 딸을 보는 일이 그에게는 육체적 고통보다 훨씬 더 참혹하다. 그래서 제발 치료를 중단해 주기를 애원하지만, 수경은 그런 아버지를 놓아줄 수 없다. 과대망상 속에서 행복해하는 만수를 끝내 현실로 되돌리려는 의사

형철이나, 아버지의 선택을 끝내 외면하는 딸 수경이나 둘 다 잔인하긴 마찬가지. 의사로서, 딸로서 당연한 그것이 잔인하다고 느껴지는 순간, 우리가 지금껏 당연하다고 믿어 왔던 것이 뒤흔들리는 혼란스러움을 경험하게 된다.

묘한 대비를 이루며 우리의 생각을 뒤흔드는 이 기막힌 이야기는 이청준의 소설 〈조만득 씨〉에 바탕을 두고 있다. 명불허전의 노련한 작가는 이 작품을 통해서 날카롭게 우리에게 되묻는다. 당신들이 믿고 있는 그것이 과연 정답인가?

영화 〈청원〉과 〈미 비포 유〉는 둘 다 장애를 가진 주인공의 안락사 문제를 다루었다. 〈청원〉은 일명 발리우드라 불리는 인도 영화로, 안락사라는 무거운 주제를 다뤘음에도 발리우드 영화답게 화려한 음악과 춤 등 볼거리가 풍성할 뿐만 아니라 주인공의 마술쇼까지 어우러져 꽤 판타스틱한 영화다. 화려한 전성기를 누리며 잘나가던 마술사 이튼은 그를 시기한 친구 때문에 사고로 척추를 다쳐 장애를 갖게 된다. 마술은 다시 할 수 없게 됐지만 이튼은 개인 라디오 방송을 진행하며 제2의 삶을 멋지게 살아간다.

그러나 제2의 삶도, 그를 사랑하는 간호사 소피아의 지극한 마음도 '고통스러운 삶'을 끝내고 싶은 이튼을 삶에 붙들어 둘 수는 없었다. 이튼이 법원에 안락사를 청원하고, 진행하는 라디오에서 청취자들에게 자신의 안락사 선택에 대한 찬반 의견을 묻는 장면들을 통해서 안락사에 대한 다양한 생각들을 지루하지 않게 녹여 냈다는 점도 이 영화의 장점이겠다.

안락사를 선택하는 또 다른 이야기가 〈미 비포 유〉에 있다. 촉망 받는 사업가였던 윌 역시 사고를 당해 목 아래로는 모든 기능을 잃어버리는 장애를 입는다. 스위스의 디그니타스 병원에 조력 자살을 신청해 놓고 남은 6개월 동안 루이자와 함께 보내는 이야기를 다루었다. 윌 역시 '죽음보다 고통스러운' 삶을 스스로의 선택으로 끝내고 싶은 주인공이다.

그럼 이제 〈나는 행복합니다〉가 우리에게 묻는 방식으로 다시 질문해 보자. 만수를 잔인한 현실로 되돌려 놓는 것만큼이나, 수경이 아버지를 놓아줄 수 없는 것만큼이나 이튼과 윌에게 "그래도 살라"고 강요하는 것은 잔인한 일인가? 나는 그 답을 〈나는 행복합니다〉의 결말을 함께 보는 것으로 대신하고 싶다.

결국 만수는 끔찍한 현실로 되돌아왔다. 다시 악몽의 시작이다. 아니, 어쩌면 꿈속에 있다가 돌아온 현실은 더 고통스럽게 느껴질지 모른다. 캄캄한 새벽 오토바이를 타고 어딘가를 향해 달리는 만수의 모습으로 영화는 끝이 난다. 생존을 위한 일상으로 돌아온 것이다. 이제 다시 살아남기 위한 사투가 시작되었고, 짙은 어둠은 앞이 보이지 않게 그를 둘러싸고 있다. 오토바이 라이트만큼의 빈약한 빛에 의지해 앞을 가늠하며 끝없는 어둠을 뚫고 만수는 달려간다. 그래도 가야 하는 길, 그래도 사는 삶. 어쩌면 참 잔인하고 냉정한 결론일지도 모르겠다. 다시 냉혹한 삶터로 밀려온 만수에게 월과 이튼이 소원하던 '인간답게 죽을 권리'는 과연 어떻게 들릴까?

몇 해 전 KBS 라디오의 특집 다큐멘터리 프로그램 원고를 맡은 적이 있었다. 우생학이 사라진 시대에도 여전히 유령처럼 존재하는 우리 안의 우생학적 사고에 대해 문제를 제기하고, 똑같이 소중한 생명으로서 장애아도 태어날 권리가 있음을 이야기하고 싶어서 기획한 일이었다. 내가 기획한 일이니 잘 해내고 싶은 욕심에 뜨거운 여름내 뜨거운 줄도 모르고 열심히 쫓아다니며 다양한 사람들을 인터뷰하고 여러 가지 설문 조사를 병행했다.

"배 속에 있는 태아에게 장애가 있다는 검사 결과가 나온다면 당신의 선택은?"

설문 결과, 장애가 중증이어도 사회활동이 많은 장애인일수록 장애아의 출산과 양육에 적극적인 태도를 보였다. 장애와 비장애를 떠나서 장애를 '긍정적'으로 경험한 사람일수록, 주변 장애인들과 상호 관계가 많을수록 긍정적인 답변을 했다. 그렇다면 월과 이튼의 선택에 대해서도 이런 질문을 던질 수 있지 않을까? 그들의 안락사 선택이 과연 옳은가, 혹은 그들에게 그래도 삶을 요구하는 것은 잔인한 일인가 묻기 이전에, 그들에게 '장애'를 고통스러운 것으로 인식하게 만든 사회에는 책임이 없는가, 하고 말이다.

1980년대 후반, 맥아피에 의해 촉발된 장애인 안락사에 대한 논쟁은 지금도 시사하는 바가 크다. 미국 조지아주에 살던 서른네 살의 래리 제임스 맥아피는 오토바이 사고로 전신마비 장애인이 되었다. 평생 인공호흡기에 의지해 목숨만 부지한 채 요양원들을 전전해야 하는, 죽음보다 고통스러운 삶은 그에게 더는 의미가 없었다. 결국 맥아피는 법원에 자신의 안락사를 허락해 줄 것을 요구했고, 법원은 이를 승인했다. 법원과 성직자, 그리고 그의 가족들까지, 모두 맥아피의 안락사를 찬성함으로써 그가 무가치하다고 여기는 삶을 '그렇다'고 인정해 준 셈이다.

이에 장애운동가들이 개입하기 시작했다. 맥아피의 죽음을 당연하게 승인하는 것은 장애인의 삶의 가치를 송두리째 부정하는 것과 다름이 없었기 때문이다. 장애운동가들은 맥아피를 위해 다른 대안을 마련해 줄 것을 촉구했고, 많은 사람들이 맥아피가 지역사회에서 살 수 있는 방법을 모색했다. 목소리로 작동하는 전화와 TV, 음성이나 헤드밴드로 작동되는 컴퓨터와 소프트웨어 등 자립적인 일상생활을 가능하게 하는 보조기기를 지원하는 것은 물론,

인근 자립생활 센터를 통해 외출 지원이나 정보 제공이 이루어졌다. 지역사회에서 한 사람으로 살아갈 수 있는 가치 있는 삶의 기회를 엿본 맥아피는 결국 죽음에서 삶으로 선택을 바꾼다. 이 세상에 죽어도 되는 삶이 있을까.

반면, 로맹가리는 소설 〈자기 앞의 생〉(용경식 옮김, 문학동네)에서 치매에 걸려 비참하게 허물어져 가는 로자 아줌마를 바라보는 소년 모모의 눈을 통해 이렇게 묻기도 한다.

"나는 정말 이해할 수 없다. 엄마 배 속에 있는 아기에게는 가능한 안락사가 왜 노인에게는 금지되어 있는지 말이다. (…) 더 이상 살아갈 능력도 없고 살고 싶지도 않은 사람의 목구멍에 억지로 생을 처넣는 것보다 더 구역질 나는 일은 없다고 생각한다."

존엄한 죽음, 죽음에 대한 자기결정권 모두 많은 토론과 다양한 접근이 필요하고 중요한 논제임에 틀림이 없다. 그러나 '존엄한 죽음'이란 반드시 '존엄한 삶'이 전제될 때에만 가능한 일이 아닐까? 단지 결핍과 고통이 없는 삶만이 완전하고 존엄한 것은 아닐 터이다. 만수가 그랬듯, 나를 어디에 데려다 놓을지 모를 그 작은 빛에 의지하며 그래도 걸어가는, 그래도 살아 내는 사람에게만 비로소 삶이 열어 보여 주는 신비, 그것이 바로 삶을 완성하고 존엄하게 해 주는 것 아닐까.

아름다운 우주인의
지구별 탐험기

　시각장애란 눈이 보이지 않는 것이 아니라 다른 방법으로 보는 것이다.

　청각장애란 귀가 들리지 않는 것이 아니라 다른 방법으로 듣는 것이다.

　누군가에 대해 그가 '할 수 없는 것'을 보기보다 '다른 방법으로' 해내는 것을 먼저 바라볼 수 있다면 지금보다 훨씬 더 멋진 세상이 되지 않을까?

　　　　　　　　　　가끔 학교에 가서 아이들에게 장애에 대한 이야기를 들려줄 때마다 내가 늘 강조하는 이야기다.

　여기 우리와 다른 방식으로 세상을 보고 듣고 소통하는 사람들이 있다. 영화 〈내겐 너무 소중한 너〉의 주인공 은혜와 다큐멘터리 〈달팽이의 별〉의 주인공 조영찬 씨가 바로 그들이다. 이 두 사람은 모두 시청각장애를 가졌다. 아니, 다시 이야기해야겠다. 이들은 보고 듣고 느끼고 소통하는 방법이 우리와 다른 사람들이다.

"보이지도 않고 들리지도 않는데 어떻게 소통해?" 보고 듣는 것 외에 다른 방법을 좀처럼 상상하기 어려운 사람들은 대부분 이렇게 생각할 것이다. 그러나 이들에겐 이들만의 다른 방법이 분명히 있다. 〈내겐 너무 소중한 너〉의 어린 은혜는 먹어 보고 만져 보고 살아 있는 모든 감각을 총동원해서 세상과 맞닿으려 한다. 〈달팽이의 별〉의 조영찬 씨는 실제 시청각장애를 가진 당사자로서 모든 감각을 사용하는 것 외에도 '점화'라는 방법을 통해 소통하는 모습을 보여 준다.

점화란 '손가락 점자'를 뜻하며, 양손의 검지, 중지, 약지를 6점 점자 키보드라고 생각하고 타이핑하듯 손가락을 두드려서 의미 전달을 하는 의사소통 방식인데, 그는 일상생활에서 점화로 아내와 소통한다. 점화 외에도 촉수어(촉각 수어 또는 촉독 수어)라고 하는 상대의 수어를 촉각으로 느껴 대화하는 방법도 있고, 상대방의 손바닥에 손가락으로 글씨를 적어 촉각으로 의사소통하는 방법인 손바닥 필담도 있다. 사실, 이런 방법들이 아니어도 마음을 전하려는 진심만 있으면 더 창의적인 방법들이 얼마든지 가능할 것이다.

손바닥 필담이든 점화든 일단 글자를 배워야 가능한 것일 텐데 〈내겐 너무 소중한 너〉에서 은혜는 아직 글자를 배우지 못했다. 오로지 감각만으로 느낄 수 있을 뿐. 앞으로도 은혜가 학교나 다른 교육기관을 통해서 필요한 모든 것을 배울 수 있을는지 영화에서는 불분명하게 그렸다. 재식이 은혜를 학교에 보내려고 시도했지만 실패하는 장면이 나오기 때문이다. 아직 우리나라 교육 현실에서는 시청각장애를 가진 아이를 맡을 수 있는 교육기관이 없다는 것이다.

영화는 엄마 잃은 시청각장애 아이와 돈만 밝히던 건달 재식과의 특별한 만남을 따뜻하게 그려 냈지만, 영화 이후에 이어질 현실은 훨씬 암담할지도 모르겠다는 서글픈 상상을 하지 않을 수 없었다. 우리나라에 은혜와 같은 시청각장애를 가진 사람들이 1만 명 넘게 살고 있지만, 그들을 위한 어떤 제도적 뒷받침도 지원도 없는 세상에서 아빠라는 따뜻한 이름만 가지고는 혼자서 장애아를 양육하기가 너무나도 어렵기 때문이다.

〈달팽이의 별〉에서 조영찬 씨는 자신을 '우주인'이라고 칭한다. '달팽이 별'이라고 자기가 이름 붙인 이 지구에서 그가 가진 모든 '더듬이', 즉 안테나를 열어 놓고 감각을 총동원해 낯선 별을 탐험하는 외로운 우주인. 그 우주인이 경험하는 모든 신비로운 세상이 곧 인생인 것이다. 이 얼마나 아름다운 정의인가!

시종 낯선 우주를 탐험하듯 유영하는 조영찬 씨의 모습이 모든 장면에서 아름다웠지만, 특히 나무를 끌어안고 온몸으로 나무를 느끼던 모습은 내가 모르는 신비로운 생명체를 보는 것 같았다. 보이는 사람들에겐 쓱 훑어보면 그만일 한낱 나무도 그와 만남으로써 보이는 것 너머의 세계에 닿아 있는 특별한 존재가 된다. 그렇게 그의 손끝으로, 코끝으로, 먼 우주를 응시하는 시선 끝으로 보이지 않던 나무의 세계가 그의 세계로 와닿는 모습은 서로 다른 생명체의 경건한 조우 같았다. 우리와 다른 방법으로 세상을 느끼는 그의 모습을, 헤매는 자의 어수선한 몸짓이 아니라 탐험하는 자의 호기심 어린 몸짓으로 바라본 카메라의 시선도 매우 아름다웠다.

은혜와 조영찬, 이 아름다운 우주인들의 모험은 '아빠'가 되어준 재식과, 아내라는 이름의 친절한 지구인들을 만나 멋지고 신나는 지구 탐험이 될 수 있었다. 그러나 제도에서 관심에서 사회에서 비켜난 채 홀로 어둠 속에서 유영하고 있는 '시청각장애인'이라는 이름의 수많은 우주인들은 어쩌나? 세상에 더 많을 불친절한 지구인들과도 교신을 해야 할 텐데, 이 우주인들만 안테나를 세워서는 제대로 된 교신이 불가능할 것이다.

불친절한 지구인들과 소통하려면 최소한 서로 인식 가능한 일반적인 소통 방식을 습득해야 할 텐데, 우리나라 시청각장애인들이 교육의 기회를 얻는 것은 다른 장애인들보다 세 배나 어렵다고 한

264

다. 게다가 그들을 지원하는 제대로 된 법이나 정책도 아직 마련되어 있지 않다. 이들에게 바깥세상은 그야말로 캄캄한 절벽일 터. 이것이 낯선 지구에서 탐험은커녕 발걸음조차 떼지 못하는 이유일 것이다.

시청각장애인들의 캄캄한 현실을 알리고, 그들을 위한 단독 법안 제정과 제도 마련을 위해 〈내겐 너무 소중한 너〉가 만들어졌다고 한다. 그러나 개봉 후 기대만큼 큰 관심과 반향을 일으키지는 못한 듯해서 아쉽다. 영화적 완성도는 논외로 두고, 이 영화가 시청각장애인을 향한 작은 관심이라도 불러일으켜 주기를, 또 이와 더불어 〈달팽이의 별〉도 새롭게 다시 조명되어 우리와 다른 방법으로 소통하는 아름다운 우주인의 세계로 한 발 더 가까워질 수 있기를 바란다. 무엇보다 〈달팽이의 별〉은 너무 아름다워서 놓치는 사람이 손해!

마지막으로 영화 속 조영찬 씨의 아름다운 내레이션을 나누며 글을 맺는다.

"가장 값진 것을 보기 위하여 잠시 눈을 감고 가장 참된 것을 듣기 위하여 잠시 귀를 닫고 있는 거다. 가장 진실한 말을 하기 위하여 잠시 침묵 속에서 기다리고 있는 거다."

265

코다,
농인과 청인을 잇다

창밖의 여자보다 불쌍한 여자는? 창틀에 끼인 여자라는 농담이 있었다. 조용필의 〈창밖의 여자〉가 최고의 인기를 구가하던 시대의 이야기다. 이쪽과 저쪽 그 어디에도 끼지 못하고 어설픈 경계에 끼인 존재가 누구보다 힘들다는 것은 어느 시대든 맞는 말이어서 오래된 농담처럼 여겨지지 않는다. 영화 〈코다〉의 주인공 루비가 바로 그런 존재였다. 제목이 말하다시피 그녀는 코다, 즉 농인 부모 사이에서 태어난 청인 아이로 들리는 세계와 들리지 않는 세계, 농인의 세계와 청인의 경계에서 살아가는 소녀다.

부모 그리고 오빠까지 모두 농인인 가족들 사이에서 혼자만 청인인 루비는 들리는 세계에 사는 사람들과 들리지 않는 가족들을 이어 주는 역할을 도맡고 있다. 어업에 종사하는 가족이 바다에 나가 고기를 잡는 일부터 잡은 고기들을 경매로 판매하는 일까지, 가족 생업의 모든 과정에 루비의 수어 통역이 없으면 안 된다. 그런 그녀에게 처음으로 이루고 싶은 꿈이 생겼다. 바로 노래하는 것이다.

그러나 노래라는 꿈을 품는 데에도, 꿈을 위해 가족을 떠나 진학을 하는 데에도 루비에게는 설렘보다 죄책감이 먼저 든다. 가족은 들을 수도 없는 노래를 꿈으로 가진다는 것, 그리고 가족을 떠나야 한다는 것이 마치 가족을 배반하는 것 같고 이기적인 욕심 같아서 선뜻 꿈을 좇을 수가 없다. 그런 루비가 자신의 꿈을 찾아 떠나기까지의 갈등과 성장을 그린 영화가 〈코다〉이다.

이 작품은 프랑스 영화 〈미라클 벨리에〉를 리메이크한 것이다. 원제는 그저 덤덤히 '벨리에 가족'인데, 우리나라에서 개봉할 때는 '미라클'이란 거창한 단어를 굳이 붙였다. 그냥 '벨리에 가족'이면 충분할 것을. 장애와 그 가족을 바라보는 우리 사회의 유별난 시각을 고스란히 드러내는 제목이다.

'코다'라는 제목은 그에 비하면 아주 직설적이다. 농인 가족과 청인인 주인공을 단도직입적으로 명료하게 '코다'라고 말해 주는 제목. 게다가 이 영화에 등장하는 농인 가족들은 모두 실제 농인 배우들이 맡았다. 수어를 모르지만 영화 속에서 주고받는 수어들이 아주 자연스럽다는 것은 느낄 수 있었다. 특히 루비의 엄마 역은 바로 말리 매틀린. 그녀가 누구인가? 1987년 〈작은 신의 아이들〉로 아카데미 역사상 농인 배우 최초로 여우주연상을 수상했던 바로 그녀 아닌가. 말리 매틀린은 이 영화에서 멋지고 유쾌한 농인 엄마인 재키 역을 훌륭하게 해냈다. 엄마 역뿐만 아니라 아빠인 프랭크 역도 농인 배우인 트로이 코처가 연기했고, 오빠 레오 역의 다니엘 듀런트 역시 농인 배우다. 특히 트로이 코처는 제94회 아카데미 시상식에서 남우조연상을 수상하며 당당히 연기력을 인정받았다.

원작인 〈미라클 벨리에〉보다 리메이크작인 〈코다〉가 훨씬 생생한 작품이 될 수 있었던 데에는 이런 점이 크게 작용했을 것이다. 농인 연기를 가장 잘 해낼 수 있는 사람은 농인 당사자일 테니까. 이것이 바로 장애인이 장애인 역할을 맡아야 하는 가장 큰 이유이기도 하다. 백인이 흑인으로 분장해 흑인을 연기하는 것은 어색하고 당연하지 않다고 여기면서, 왜 아직도 장애인 역을 비장애인이 하는 '크리핑업'은 당연하게 받아들여지고 있을까?

한편, 이 영화의 가장 중요한 포인트는 음악이었는데 〈라라랜드〉, 〈물랑루즈〉의 마리우스 드 브리스와 〈스타 이즈 본〉, 〈알라딘〉의 닉 배스터가 이 영화의 음악을 맡으면서, 음악적인 면에서도 〈미라클 벨리에〉보다 한층 더 나아졌다. 또 무엇보다 〈미라클 벨리에〉보다 선명해진 점은 루비가 경계인으로서 겪는 힘겨움과 갈등이다. 농인 가족 사이에서 습득한 언어의 방식이 청인들의 그것과 달라서 친구들의 놀림을 받았던 학교생활과 그로 인한 트라우마까지, 코다로서 겪어야 했던 이야기를 잘 담아냈다.

루비 가족들이 지역 수산물 직판조합을 시작하게 되면서 가족들에게는 루비의 수어 통역이 그 어느 때보다 더 절실해졌다. 하필 이런 때에 음대에 진학하겠다니 루비의 꿈은 선뜻 응원받기 어렵다. 루비가 꿈을 이루기 위해서는 가족들도 큰 손해와 희생을 감수해야만 한다. 가족과 루비의 갈등이 전작보다 분명하게 대비되면서 루비의 성장과 가족애가 더 극적으로 드러난다.

또 루비에게 노래의 꿈을 가지도록 이끈 선생님, 미스터 브이는 전작보다 영화를 더 풍성하게 만들어 주는 인물이다. "베르르르르 나르도 비야로로로보스! 혀를 잘 굴려 'R' 자를 발음할 자신이 없으면 그냥 미스터 브이"라고 부르라는 이 까칠한 음악 선생님은 루비의 재능을 알아봐 주고 응원을 아끼지 않는다. 전작에서는 다소 밋밋한 캐릭터였는데, 디테일을 더하고 색을 입혀서 〈코다〉에서는 훨씬 매력적인 인물로 살아난 느낌이다.

농인과 청인 사이에서, 꿈과 책임감 사이에서 무기력하게 방황하던 루비가 자신을 위한 현명한 선택을 할 수 있도록 응원하고 이끌어 주는 멋진 멘토, 미스터 브이. 그의 연주에 맞추어 오디션에서 루비가 〈Both Sides Now〉를 부르는 장면은 아름다웠다. 노랫말처럼 이쪽과 저쪽 두 세계를 모두 알 수 있게 된 루비의 성장이 드러나는 장면이었다. 〈미라클 벨리에〉에서는 미셸 사르두의 〈비상〉을 불렀는데, 이제 부모님을 떠나 날아오르겠다는 내용으로 일종의 '내 인생은 나의 것' 같은 선언에 가까운 노래였다. 마지막 오디션이야말로 〈미라클 벨리에〉와 〈코다〉를 가르는 가장 결정적 장면이 아닐까.

코다인 루비는 이제 두 세계의 경계에 끼인 애매한 존재가 아니라 both sides, 두 세계를 모두 알 수 있는 어른이 되었다. 딸을 떠나보내야 하는 것을 두려워하며 '내 아기'라고 부르는 루비 엄마에게 루비 아빠가 이렇게 말한다. 이젠 아기가 아니라고, 그리고 언제 그 애가 아기인 적이 있었느냐고. 어릴 때부터 부모의 말을 통역해 주느라 어른들의 말과 어른들의 세상을 너무 빨리 알아 버린 아이, 청인인데 수어를 더 많이 쓰고 아이면서도 어른의 말을 통역해야 하고 함부로 말하는 사람들의 이야기는 혼자만 듣고 삼켜야 했던 루비 안의 어른아이를 안쓰러워하는 아빠의 모습이었다.

들리지 않는 가족들 사이에서 혼자만 들리는 사람으로서의 소외감(영화 〈나는보리〉에서 잘 그렸다), 가족과 세상을 연결해 주어야 한다는 과도한 책임감, 그 책임감에서 벗어나고 싶은 압박감과 죄책감…. 루비가 겪는 코다들의 복잡한 감정들은 〈우리는 코다입니다〉(이길보라, 이현화, 황지성)라는 책에도 상세히 나와 있다. 들리는 세계와 들리지 않는 세계, 두 세계의 경계에서 너무 혼란스러웠는데 자신들의 정체성을 너무나 잘 설명해 주는 '코다'라는 말을 처음 알게 된 순간 눈물이 났다는 이야기가 책 속에 나온다. 영화 〈코다〉가 우리와는 다른 경계에 사는 이들의 또 다른 세상을 엿보고 공감하게 하는 데 작은 연결고리 역할을 해 주면 좋겠다.

우리나라에서는 '코다'라는 말이 아직은 낯설다. 그럼에도 자신들의 정체성을 알리려는 열정적인 코다들의 노력으로 코다국제컨퍼런스가 2023년 6월 인천에서 개최될 예정이다. 아울러 이에 대한 관심과 기대도 이 영화를 통해 모아지면 좋겠다.

듣지 않는
세상에 고함

때로는 선의도 폭력이 된다. 상
대의 상황을 고려하지 않는 무지한 선의는 폭력일 수밖에 없다. 여
기 '복지'라는 국가적 선의에 의해 무참히 해체된 가족이 있다. 영
화 〈리슨〉에 등장하는 벨라의 가족이 그렇다.

벨라네는 포르투갈에서 영국으로 이주해 온 가난한 이주민 노동
자 가정이다. 벨라는 실직한 남편과 함께 열두 살 아들 디에구, 돌
이 된 딸 제시, 그리고 그 터울 사이에 청각장애를 가진 딸 루까지
세 남매를 키운다. 밀린 월급도 받지 못한 채 실직한 남편 조타 대
신 벨라가 남의 집 청소 일을 하며 겨우 생계를 잇지만, 가끔 슈퍼
에서 생필품을 훔쳐 충당해야 할 만큼 위태로운 형편이다.

간신히 연명하는 처지에 지푸라기라도 붙잡듯 의지하고 있는 복
지 혜택을 행여라도 빼앗기게 될까 봐 벨라 부부는 늘 불안하다. 그
런 그들에게 루의 보청기가 고장난 일은 여간 심각한 일이 아닐 수
없다. 손쓸 수 없이 망가져 버린 보청기는 고칠 수도 없고 너무 비

싸 다시 살 수도 없다. 그렇다고 새로 지원을 신청하는 건 차마 엄두도 안 난다. 지원받은 지 얼마 안 된 보청기를 망가뜨린 부모의 실수가 책잡힐까 두려워 벨라는 아무에게도 말하면 안 되는 비밀이라고 어린 딸 루에게 단단히 일러둔 참이었다.

그러나 고장 난 보청기는 끝내 화근이 되고 말았다. 보청기를 망가뜨린 부모의 실수는 아동 학대로 오인되었고, 루의 등에 난 알 수 없는 멍은 제대로 된 조사조차 없이 아동 학대의 확실한 증거로 받아들여졌다. 결국 아동 학대로 부모와 강제 분리된 세 아이들은 보호기관으로 강제 이송되었고 입양 절차가 빠르게 진행되었다.

복지국 직원들에게 벨라네 가족은 그저 원칙에 따라 처리할 케이스 중 하나일 뿐, 특별한 상황에 처한 개별적인 인간은 거기에 없다. 벨라네는 부모가 아이들을 학대하는 가난한 이주민 가족으로 간주될 뿐이며, 루 역시 일반적인 학대 피해 아동에 불과하고 이때 루의 장애나 의견은 고려되지 않는다. 그래서 보호기관에 있는 동안 청각장애가 있는 루에게 수어 조력은 제공되지 않았다. 아무도 자기 이야기를 들어주지 않는 낯선 곳에서 강제로 부모와 떨어져 고립되어 있는 어린아이의 공포를 그 누구도 공감해 주거나 배려해 주지 않는다.

어렵게 이루어진 가족 면회에서조차 참관인이 손쉽게 감시할 수 있도록 영어만 사용하라고 강요를 받는다. 벨라네 가족의 모국어인 포르투갈어나 루와의 소통을 위한 수어 사용은 금지된다. 학대부모가 그들만 통하는 언어를 써서 아이들에게 부모의 뜻을 강요할 수 있다는 이유에서다. 루는 가족과 만나는 순간에도 수어로 자기의 뜻을 전달할 수 없었다. 잔인한 장면이었다.

부당하고 불합리한 조치에 항의하자 가족 면접은 즉각 중단되었고 벨라가 흥분할수록 상황은 나빠졌다. 엄마의 우울증 지수가 높아질수록 아이들에게 해롭다는 이유로 양육권 박탈의 조건만 늘어갈 뿐이다. 어린 제시에게 물려야 할 젖은 불 대로 불어서 무심히 옷 밖으로 흘렀고, 이런 상황에서 어떻게 엄마가 흥분하지 않고 우울하지 않을 수 있는지 벨라가 항변했지만 소용없었다.

결국, 가장 어린 제시가 제일 빠르게 입양되었고 아들 디에구의 입양도 결정되었다. 오직 오빠만을 의지하고 있던 루만이 보호소에 홀로 남겨졌다. 입양이 이루어진 후엔 부모의 상황이 소위 '정상적'으로 회복된다 해도 아이들은 다시 친부모에게 돌아올 수 없다고 했다. 완벽한 파괴였다.

루는 청각장애가 있다는 이유로 어디에도 입양되지 못했다. 그리고 뒤늦게 루의 몸에 난 알 수 없는 멍은 자색반병이란 질환에 의한 것으로 부모의 학대 때문이 아니라는 것이 밝혀졌다. 루를 되찾기 위한 재판에서 벨라의 항변은 너무나 절절해서 눈물겹다.

대체 이것이 복지라는 이름의 폭력이 아니면 무엇이란 말인가? 세상 어디에도 약자를 위한 낙원은 없구나! 〈나, 다니엘 블레이크〉 와 〈미안해요, 리키〉 같은 켄 로치 감독의 영화들을 보면서 느꼈던 암담함이 이 영화에선 더 절망적으로 가슴을 조여 왔다.

약자와 가난한 사람들을 보호하고자 선의로 만든 제도와 법도 완벽할 수는 없다. 아무리 완벽에 가까운 제도와 법이라 해도 그것 이 미칠 상황과 현실을 세심히 고려하지 않고 일률적으로 적용한 다면 프로크루스테스의 침대와 무엇이 다른가. 지나가는 나그네를 집으로 데려와 쇠 침대에 눕히고 침대 길이보다 짧으면 다리를 잡 아 늘이고 길면 잘라 버렸다는, 그리스 신화에 나오는 강도 프로크 루스테스의 침대 말이다.

'리슨(listen)'이라는 제목은 청각장애인이 있는 가족에 초점을 맞춘 것이겠거니 생각했다. 그러나 영화를 보다 보니 제목의 이유 를 너무나 선명히 알겠다. 듣지 못하는 것은 어쩔 수 없는 '불능'이 지만, 듣지 않는 것은 '무능'이란 걸. 이 영화에 등장하는 복지국 관 계자들 모두 귀가 없는 괴물들 같았다. 프로크루스테스의 침대처 럼 오로지 명문화된 원칙과 시스템만 상황에 적용할 뿐 그 때문에 한 사람이, 한 가족이 파괴될 수 있다는 무서운 사실을 누구도 돌아보지 않았다. 누구도 벨라 가족의 절규에 귀 기울이지 않았다.

이름하여 사각지대라 일컫는 다수의 이면에 가려진 소수의 그늘을 보려고 하지 않는 무심한 세태가 어디 이뿐이랴. 94퍼센트의 지하철 엘리베이터 설치율에 도취해 6퍼센트의 절박한 목소리를 외면하고 조롱하는 목소리가 더 힘을 발휘하는 것이 지금 이 나라의 현실이니 말이다. 장애인들의 출근길 지하철 시위를 떠올려 보라. 대부분의 언론은 장애인 권리 예산 보장과 이동권 확대 등을 요구하는 장애인들의 목소리에 귀 기울이는 대신 시민의 출근길을 방해하는 이기적인 장애인들의 몽니로만 왜곡 보도하기 바빴다. 여당의 젊은 대표의 대응은 또 어떠했던가. 문제 해결을 위한 적극적인 의지 표명 대신 오히려 "최대 다수의 불행과 불편을 야기하는 비문명적이고 불법적인 시위"라는 둥 자극적인 갈라치기로 대응하며 장애인에 대한 혐오만 부추기지 않았던가. 이것은 분명 장애인의 목소리를 못 듣는 것이 아니라 안 듣는 무례였고, 바꿀 수 있는 자의 의도적인 직무유기일 뿐 아니라 이것이야말로 '비문명'이다.

되새겨 보건대 못 듣는 것은 어쩔 수 없지만 안 듣는 것은 무능이다. 선의도 때론 폭력이 될진대 선의조차 없는 무관심은 얼마나 더 심각한 폭력이랴.

아름다운
소멸을 위하여

하루가 멀게 세상의 무관심 속에서 고독하게 죽어 간 사람들의 소식이 들린다. 혼자서 절박한 생계를 이어가다 끝내 잇지 못하고, 혼자서 애타는 희망 고문을 견디다 끝내 희망을 보지 못하고, 혹은 늙고 병들어 혼자서 지내다가 '고독사'란 이름으로 방치되는 죽음들 말이다. 특히 고령화 시대로 접어들며 1인 노인 가구가 급속히 증가하면서 고독사는 아주 흔한 이슈가 되었다.

"고독사라는 건 그 전부터 고독하게 살았기 때문이다. 혼자 살아도 고독하지 않으면 고독사가 아니다. 혼자 살고 있다고 해도 자신에게 익숙한 집에서 늙고, 죽어 가는 삶이 가장 만족스럽다."

〈집에서 혼자 죽기를 권하다〉라는 특별한 제목의 책을 출간한 우에노 지즈코 도쿄대학 명예교수는 한 인터뷰에서 이렇게 말했다. 그녀의 흥미로운 주장을 읽으며 문득 영화 〈고양이와 할아버지〉를 떠올렸다. 이 영화의 주인공 다이키치 할아버지를 보면 우에노 교수의 주장에 더욱 공감하게 된다.

〈고양이와 할아버지〉는 고양이들이 사람들과 더불어 사는, 고양이 섬이라 불리는 작은 섬마을에 고양이 타마와 함께 사는 다이키치 할아버지의 이야기다. 타마의 나이 여섯 살 칠 개월, 고양이 나이로는 중년을 넘긴 타마는 할아버지와 함께 늙어 간다.

영화엔 이렇다 할 특별한 갈등도 박진감 넘치는 긴장도 없다. 그저 느리고 한가한 고양이와 노인의 일상이 반복될 뿐. 먼저 세상을 떠난 아내가 해 주던 음식 맛을 기억해 내며 느릿느릿 직접 만든 음식으로 끼니를 채우고 바닷가를 거닐고 긴 발톱을 깎고⋯ 그런 할아버지의 곁을 지키다 못내 지루해지면 훌쩍 집 밖으로 나가 다른 고양이들과 섬을 어슬렁거리다가 다시 집으로 돌아오는 고양이 타마의 심심하고 고요한 일상 풍경이 내내 그려진다.

그러던 다이키치 할아버지에게도 올 것이 왔다! 홀로 사는 노인에게 가장 두려운 그것, 아무도 모르게 혼자서 맞닥뜨리는 죽음, 고독사의 공포 말이다. 갑작스러운 심장 발작으로 고독사를 맞이할 위기가 있었지만, 마을 카페 주인 미치코에게 발견된 덕분에 병원에 옮겨지고 다행히 목숨을 건진다. 혼자 있는 아버지를 늘 걱정하던 아들은 그 일을 계기로 더욱 섬을 떠나 도시에서 함께 살 것을 강권하지만 할아버지는 차마 타마를 두고 떠날 수가 없다.

다시 혼자 남아 삶을 살아가는 다이키치 할아버지. 그러나 그는 우에노 교수의 말처럼 '혼자 살아도 고독하지 않은, 고독사가 아닌, 집에서 혼자 맞이하는 죽음'이 완벽히 재현될 수 있는 조건이 충분한 삶을 살고 있다. 어떤 조건일까?

우선, 친밀하고 두터운 관계망. 매일 티격태격하면서도 쌓아 온 시간의 무게만큼 든든한, 함께 늙어 가는 동무들이 있어 외롭지 않다. 그뿐인가. 노인들의 건강을 살피는 마을 보건소 시스템이 구비되어 있고, 전문성을 갖춘 젊은 의사가 정성껏 마을 노인들의 건강을 돌본다. 또 노인들이 작은 성취감과 즐거움을 느낄 수 있는 다양한 이벤트가 있다. 마을 카페의 친절한 주인 미치코는 동네 노인들의 사랑방으로 기꺼이 카페 공간을 내주고 노인들의 벗이 된다. 마을의 젊은이들은 또 어떤가. 마을 사람들이 함께 즐길 이벤트로 화려한 미러볼이 반짝이는 댄스파티를 열기도 했는데, 소녀 같은 사치 할머니는 그 댄스파티를 마지막으로 행복한 생을 마감한다.

이런 공동체라면 혼자 살아도 고독하지 않은 삶이 충분히 가능하지 않을까? 게다가 돌봐주어야 할 고양이 타마와의 상호작용을 통해 다이키치 할아버지는 자신의 존재를 긍정한다. 아내가 남기고 간 요리 노트를 완성하는 도전은 그에게 작은 성취감을 안겨 주는데, 이것은 생의 커다란 활력이 된다.

그래서 다이키치 할아버지는 혼자 살지만 고독하지 않다. 언젠가 홀로 죽음을 맞이하더라도 결코 고독사하지 않을 것이다. 고양이 타마와 정겨운 이웃들과 함께 소소한 행복을 나누며 한가로운 일상을 느리게 이어가다가 어느 날 꽃이 지듯 아름답게 소멸해 갈 것이다. 이웃들이 세상을 떠난 사치 할머니가 남긴 고양이를 함께 돌보며 그녀와의 추억을 되새기듯이, 마침표로 끝나 버리고 마는 삶이 아니라 남은 이들의 기억 속에 오래오래 스미는 그런 소멸 말이다.

그렇다면 과연 장애인은 무사히 노인이 되고 혼자지만 고독하지 않은 삶을 살다가 아름답게 소멸해 갈 수 있을까? 시설에 갇히지 않고 소외되거나 배제되지도 않고 지역사회의 일원으로서 좋은 이웃들과 함께 소소한 행복을 나누며 작은 성취를 통해 얻은 자신감을 지니고, 혼자 살지만 고독하지 않은 삶을 사는 발달장애 노인을 주변에서 본 적이 있던가? 온전히 자신의 삶을 살다가 무사히 노인이 되어 낯선 요양원이나 병원이 아닌 정든 곳에서 편안한 죽음을 맞이하는, 결코 불행하게 고독사하지 않는 장애 노인의 마지막을 지켜본 적이 있던가?

다이키치 할아버지처럼 사는 장애 노인을 우리 주변에서 언제든 쉽게 만나 볼 수 있다면 장애를 가지고 늙어 가는 것이 덜 두렵고

덜 서글플 텐데, 우리 사회에서는 아직 요원한 바람인가 보다.

"인생은 이제부터 시작이야. 그렇지, 타마?"

죽을 고비를 넘기고 다시 맞은 봄, 흐드러진 벚꽃길을 천천히 걸으며 다이키치 할아버지가 타마에게 속삭인다. 혼자서도 얼마든지 잘 살아 낼 수 있을 것 같은 설렘으로, 두려움 없이 생의 마지막을 마주할 수 있을 것 같은 담담한 용기로 늙은 다이키치 할아버지의 남은 삶은 여전히 아름다울 것이다.

모든 노인의 나머지 삶도 그렇게 아름다울 수 있기를 바란다.

너의
이름은

아메리카 원주민 체로키족의 달력으로 2월은 '홀로 걷는 달'이라 불린다. 한 해의 농사와 사냥을 시작하기 전, 모든 우주와 생명을 주관하는 위대한 정령의 소리를 듣기 위해 필요한 시간. 그래서 '홀로 걷는 달'일 것이다. 그들에게 홀로 있는 시간은 전 생애에 걸쳐 매우 중요한 시간이었다. 그것은 단지 외로움의 시간이 아니라 온 우주와 자연을 주관하는 위대한 정령에게 자신을 통째로 드리고 얻는 위대한 신비의 순간이다. 그래서 체로키족 소년들은 산꼭대기에 혼자 올라가 위대한 정령과 함께 신비한 고독을 경험하는 것으로 성인식을 치렀다고 한다. 아무도 없는 산꼭대기에서 하루나 이틀을 아무것도 먹지 않으며 오로지 자기 자신과 모든 생명을 향해 온 영혼의 주파수를 맞추고 지내다가, 소년에게 내린 꿈이 평생에 그의 이름이 된다. 위대한 정령이 오로지 그 한 사람에게만 부여한 특별한 생의 선물, 그에게만 주어진 특별한 생의 목적. 체로키족에게 이름이란 그런 것이다.

이름에 대한 특별한 성찰은 일본 지브리사의 여러 애니메이션 영화에서도 드러난다. 그중 〈센과 치히로의 행방불명〉이 가장 대표적이라 할 수 있겠다. 소녀 치히로는 부모님과 시골로 이사 가던 중 숲속에서 길을 잃고 이상한 요괴의 나라로 행방불명이 되는데, 그곳에서 빠져나와 현생으로 돌아올 수 있는 방법은 자신의 이름을 잊지 않는 것이다. 마녀가 지배하는 나라에서 치히로는 본래 이름 대신 '센'으로 불린다. 이름을 잊어버리고 이상한 나라를 헤매던 센은 소년 하쿠의 도움을 받기도 하지만, 그녀가 마녀의 세상으로부터 빠져나올 수 있었던 결정적인 비결은 자신의 이름을 기억해 낸 것이다. 이 영화 외에도 지브리사가 제작한 미야자키 하야오 감독의 여러 작품에서는 잊지 말아야 할 '이름'에 대한 이야기가 자주 등장한다. 이름을 잊지 않는 것, 사람에게 가장 중요한 일은 자신이 누구인지를 잊지 않는 것이다.

〈스토브리그〉는 배우들의 명연기와 기존에 없던 그라운드 밖 이야기로 뜨거운 화제를 모았던 드라마다. 야구 시즌이 끝나는 12월부터 3월까지 팀을 정비하고 다음 시즌을 준비하는 기간을 이르는 스토브리그. 만년 꼴찌인 데다가 매각 대상이 된 야구팀 '드림즈'에 새로운 단장 백승수가 오면서 펼쳐지는 그라운드 뒤 야구인들의 이야기가 무척 흥미로웠다.

나는 백승수 단장의 동생이자 전 야구선수인 백영수를 매우 관심 있게 보았다. 그럴 수밖에 없는 것이, 장애를 가진 인물이기 때문이다. 그가 타는 날렵한 전동휠체어도 꽤 매력 있었지만, 휠체어를 타고 당당하게 등장해 면접을 치르는 장면은 그동안 다른 드라마에서 본 적 없던 장애인 캐릭터여서 보는 내내 눈을 떼지 못했다. 게다가 그를 채용하기로 한 후 드림즈 사무실의 모든 문턱을 없애는 장면은 손에 꼽을 만큼 칭찬하고픈 장면이기도 하다.

이름에 대한 이야기를 하다가 웬 샛길인가 싶겠지만, 본격적인 이야기는 바로 지금부터다. 〈스토브리그〉 8회에서 백영수는 드디어 드림즈의 전력분석팀 직원으로 채용되어 일을 하게 된다.

"야, 너 그 휠체어 알아?"

다른 직원들에게 백영수는 그렇게 불린다. '휠체어를 탄 사람'도 아니고 그저 '휠체어'로 지칭될 뿐이다. 이를 본 운영팀 직원 한재희가 "아무리 그래도 휠체어가 뭡니까? 사람한테"라며 그렇게 부르는 직원들을 퉁명스럽게 나무란다. 그러게 말이다! 사람에게, 사람인데, 사람도 지우고 이름도 지우고 그가 사용하는 보조기구만을 대표로 지칭하여 '휠체어'라니…. 어떤 집단에 대한 비하와 혐오가 그 안에 있는 한 사람을 아무렇지 않게 지워 버리는 모습이 그 장면에 잘 담겼다.

실제로 많은 장애인들이 그렇게 불릴 것이다. 휠체어를 탄 사람은 그냥 '휠체어'로, 목발을 짚은 사람은 그냥 '목발'로, 자폐 스펙트럼 장애를 가진 사람은 그냥 '자폐'라는 장애명만으로. 그뿐인가. 바보, 찔뚝이, 깜깜이 등 장애를 비하하거나 장애가 있는 몸의 움직임을 희화하고 비아냥거리는 명칭으로 그렇게 사람을 지운 채 부르지 않던가. 만약 여기가 〈센과 치히로의 행방불명〉에 나오는 이상한 요괴의 나라라면 장애인은 어느새 사람임을 잊고, 자신의 이름도 잊고 영영 그 세계에 갇혀 버릴지도 모르겠다.

영화 〈펭귄 블룸〉을 보면서도 내내 이름에 관한 생각을 지우지 못했다. 여기서 펭귄은 남극의 신사라 불리는 귀여운 새가 아니라 까치에게 붙여진 이름이다. 어느 날 블룸네 아이들이 바닷가에서 상처 입은 어린 새를 발견하고 집으로 데려왔다. 블룸 가족은 어린 새에게 '펭귄'이라는 이름을 지어 주고 '블룸'이란 성까지 붙여 주면서 집안의 막내로 받아들였다. 그리고 가족처럼 온 마음과 정성을 다해 펭귄을 돌보고 사랑을 주었다. 그렇다고 펭귄이 일방적으로 사랑을 받기만 한 것은 아니다. 블룸 가족들은 펭귄에게서 큰 기쁨과 행복을 얻었다. 특히 주인공인 샘 블룸은 펭귄에게서 새로운 용기와 힘을 얻고 삶의 의미를 발견하게 된다.

샘은 갑작스런 사고로 장애를 입은 뒤, 그녀만의 생기와 삶의 기

뺨을 잃고 무력감과 절망에 빠져 있었다. 왜 자신에게 그런 사고가 났는지 원망과 분노가 가득했고, 무엇보다 이제는 엄마인 자신보다는 아빠를 더 찾는 아이들을 보면서 엄마라는 이름조차 잃어버리고 말았다는 상실감도 들었다. 그러다가 자연 속의 아주 작은 우연, 혹은 필연, 아니 소중한 인연인 펭귄을 만난 뒤 생의 기쁨을 되찾았고 새로운 도전도 할 수 있게 되었다. 그녀가 가진 본연의 모습도, 가장 소중한 '엄마'라는 이름도 되찾을 수 있었다. 펭귄 역시 블룸 가족을 떠나 대자연의 품으로 다시 돌아감으로써 본연의 자신이 누구인지를 증명했다. 잃어버린 자신을 되찾은 샘과 그 가족의 이야기, 카약 세계 챔피언의 실화를 그린 영화다.

체로키족에게 있어 이름의 의미든, 〈센과 치히로의 행방불명〉에서 끝까지 기억해야 할 이름의 의미든 다르지 않다. 한 인간에게 부여된 특별하고 고유한 의미, 있는 모습 그 자체로 지켜내야 할 한 인간 고유의 정체성과 특별한 개성, 그것이 바로 이름의 의미다. 삶이란 결국 자기 자신에게 주어진 의미, 이름을 기억해야 하는 긴 여행 같은 것일지 모른다.

그러나 세상은 치히로가 길을 잃었던 이상한 요괴의 나라 같아서 나의 이름을, 나 자신을 잊어버리게 하는 일들이 얼마나 많은가. '치히로'라는 고유한 이름 대신 '센'이라 불리며 이상한 나라에서 점점 이름을 망각해 가듯이, 장애인이라는 집단의 이름으로 고유한 개인의 이름을 지워 가는 것은 아닐까.

내가 어디에 있든 내가 '휠체어'가 아니라 '장애인'이 아니라 내 이름으로 불릴 때, 드림즈 전력분석원 백영수가 직장에서 '휠체어'가 아니라 백영수로 불릴 때, 마녀의 나라에서 센이 아니라 치히로임을 기억할 때, 우리는 더 나은 현실을 마주할 수 있을 것이다.

홀로 걷는 달, 위대한 정령이 세상에 당신을 보내며 부여한 당신의 이름을 기억하기를. 체로키족처럼.

기울어진 스크린
장애 필터를 통해 대중문화 읽기

초판 1쇄 발행 2022년 9월 30일
      2쇄 발행 2023년 4월 30일
지은이 차미경
디자인 신병근, 선주리
펴낸곳 한뼘책방
등록 제25100-2016-000066호(2016년 8월 19일)
전화 02-6013-0525
팩스 0303-3445-0525
이메일 littlebkshop@gmail.com
인스타그램, 트위터, 페이스북 @littlebkshop
ISBN 979-11-90635-12-7 03330